BESTSELLER

Danielle Steel es una de las autoras más conocidas y leídas en el mundo entero. De sus novelas, traducidas a 28 idiomas, se han vendido 470 millones de ejemplares. Y es que sus libros presentan historias de amor, de amistad y de lazos familiares que llegan directamente a los corazones de lectores de todas las edades y culturas. Sus últimas novelas publicadas en castellano son: *El viaje*, *La boda*, *Una imagen en el espejo*, *El largo camino a casa*, *Dulce y amargo*, *Fuerzas irresistibles*, *Esperanza* y *Águila solitaria*.

Biblioteca

DANIELLE STEEL

Esperanza

Traducción de
Carme Geronès

⊔ DeBOLS!LLO

Título original: *The House on Hope Street*
Diseño de la portada: Departamento de diseño de Random
    House Mondadori
Fotografía de la portada: © Stone/Getty Images

Cuarta edición en U.S.A.: noviembre, 2005

© 2000, Danielle Steel
© 2005 de la presente edición para todo el mundo:
    Random House Mondadori, S. A.
    Travessera de Gràcia, 47-49. 08021 Barcelona
© 2005, Carme Geronès, por la traducción

Printed in Spain – Impreso en España

ISBN: 0-30727-387-3

Distributed by Random House, Inc.

1

Eran las diez de la mañana del día de Nochebuena cuando Jack y Liz Sutherland recibieron a Amanda Parker. Una mañana soleada en el condado de Marin, al norte de San Francisco. A Amanda se la veía muy asustada y nerviosa. Era una mujer menuda, rubia y delicada; las manos le temblaban ligeramente al hacer trizas el kleenex que sostenía. Jack y Liz llevaban un año ocupándose de su divorcio. La pareja trabajaba en equipo y había abierto un bufete conjunto dieciocho años atrás, poco después de casarse.

Les gustaba trabajar juntos y con el tiempo se habían organizado a la perfección. Les encantaba aquella profesión que dominaban. A pesar de poseer estilos completamente distintos, los dos miembros del equipo se complementaban. Sin darse cuenta y más bien en el plano subconsciente, Jack y Liz habían adoptado un poco la práctica «del poli bueno y el malo», que funcionaba tanto para ellos como para sus clientes. Siempre era Jack quien adoptaba el papel más agresivo, de enfrentamiento, el del león en los tribunales, el que luchaba por conseguir mejores condiciones y acuerdos de mayor cuantía, quien acorralaba implacablemente a sus adversarios sin darles respiro hasta que accedían a conceder lo que él quería para su cliente. Liz, en cambio, era más amable, considerada, ingeniosa en las sutilezas, ella sabía coger la mano a su cliente cuando hacía falta y también luchar por los derechos de los hijos. Y a veces la diferencia en sus estilos ocasionaba peleas entre ellos, como había ocurrido con el caso de Amanda. A pesar de las malas pasadas que el marido de esta le había jugado, a pesar de las amenazas, de los continuos maltratos verbales y en alguna ocasión físicos, Liz consideraba que Jack se había mostrado excesivamente duro con él.

—¿Te has vuelto loca? —había exclamado Jack en tono rotundo antes de que llegara Amanda—. Fíjate en todo lo que le ha hecho. Actualmente tiene tres amantes a las que mantiene, la ha estado engañando durante diez años, le ha ocultado todas las cuestiones económicas, le importan un pepino sus hijos y pretende acabar con el matrimonio sin pagar un céntimo. ¿Tú qué sugerirías? ¿Que creemos un fondo económico para él y le demos las gracias por el tiempo que ha perdido y las molestias?

A Jack le salía la vena peleona irlandesa, y Liz, a pesar de ser pelirroja, de tener aquellos espectaculares ojos verdes que le daban un aspecto más temperamental, siempre era mucho más moderada que su esposo. Jack tenía el pelo completamente blanco desde los treinta años y en aquellos momentos sus oscuros e inquietantes ojos se clavaban en Liz. Las personas que los conocían bien a menudo bromeaban diciendo que parecían Katharine Hepburn y Spencer Tracy. De todas formas, pese a que entre ellos de vez en cuando surgía una acalorada pelea, tanto en el ámbito judicial como fuera de este, todo el mundo sabía que se querían con locura. El suyo era un matrimonio sólido, basado en el amor, y tenían una familia que era la envidia de todos: cinco hijos a los que adoraban, cuatro pelirrojos como su madre y el más pequeño, moreno, como había sido Jack de joven.

—No te estoy diciendo que no haya que machacar a Phillip Parker —explicó Liz pacientemente—. Lo que intento decirte es que si le apretamos demasiado las tuercas se desquitará con ella.

—Y lo que yo te digo es que lo necesita, de lo contrario la tratará a patadas eternamente. A ese hay que darle en la cresta, y lo mejor es empezar por la cartera. No podemos permitir que se salga con la suya con sus desaguisados, Liz, lo sabes perfectamente.

—Estás segándole la hierba bajo los pies y paralizando su negocio.

Lo que decía Liz tenía su lógica, pero las duras tácticas de Jack habían funcionado en muchísimos casos, consiguiendo para sus clientes unos acuerdos que no habrían alcanzado otros abogados. No solo tenía fama de ser duro sino que se le consideraba extraordinario a la hora de ganar importantes sumas de dinero para sus clientes, y aquello era lo que quería en especial para Amanda. Phillip Parker, con unos cuantos millones de dólares en sus manos y una boyante empresa de informática, permitía que Amanda y sus tres hijos vivieran al borde de la miseria. Desde la separación, ella apenas había conseguido que le pasara dinero suficiente para alimentar y vestir a los niños. La cosa resultaba aún más ridícula sabiendo lo que gastaba el hombre en sus amantes y que acababa de comprarse un flamante Porsche. Amanda no había podido comprar ni un monopatín para regalar a su hijo en Navidad.

—Hazme caso, Liz. El tipo es un matón y empezará a chillar como un descosido cuando le presionemos ante el tribunal. Te aseguro que sé lo que me hago.

—Piensa que si le aprietas demasiado lo pagará ella.

—Aquel caso en concreto asustaba a Liz, la tenía en vilo desde que Amanda les había contado las torturas psicológicas a las que la había sometido su marido durante diez años, así como las dos memorables palizas que le había propinado. Después de cada una de estas, Amanda lo había abandonado, pero él la atrajo de nuevo hacia sí con promesas, con chantajes afectivos, con amenazas y regalos. Y lo que sí tenía clarísimo Liz era que a Amanda le inspiraba un miedo atroz, no sin razón, pensaba Liz.

—Si hace falta conseguiremos una orden de alejamiento —dijo Jack para tranquilizar a su esposa, poco antes de que llegara Amanda a su despacho, a punto de explicarle cómo iban a llevar el caso en la sala aquella mañana. Básicamente se trataba de inmovilizar todos los bienes de que tenían noticia y paralizar la actividad de su empresa hasta que les proporcionara la información económica adicional que necesitaban. En algo sí estaban de acuerdo los tres, y era que a Phillip Parker aquello no le iba a gustar. Amanda escuchaba a Jack con aire aterrorizado.

—No sé si tendríamos que hacerlo —dijo en voz baja, mirando a Liz en busca de comprensión.

Jack siempre la había asustado un poco, y Liz le dirigió una sonrisa para animarla, aunque no estaba del todo convencida de que Jack supiera lo que hacía en aquel caso. En general confiaba mucho en él pero aquella vez la preocupaba su dureza. De todas formas, a nadie le entusiasmaba tanto una batalla, o una victoria, con las mínimas posibilidades, como a Jack Sutherland. Y deseaba un triunfo notorio para su cliente. En su opinión, Amanda se lo merecía, y Liz solo estaba en desacuerdo con él en la forma en que pretendía conseguir la victoria para Amanda. Tenía la impresión de que, conociendo a Phillip Parker, resultaba peligroso presionarle demasiado.

Jack siguió explicando su estrategia a Amanda durante la siguiente media hora, y hacia las once entraron en la sala para la vista. Phillip Parker y su abogado se encontraban ya allí cuando llegaron, y al hacer su aparición, aquel levantó la vista hacia Amanda fingiendo desinterés. Pero al cabo de un minuto, cuando creyó que nadie lo observaba, Liz detectó en él una mirada que le pareció diáfana y le provocó un escalofrío. El porte de Phillip Parker parecía dispuesto a recordar a Amanda quién controlaba la situación. La forma de mirarla era aterradora y al tiempo humillante, y un instante después, como si pretendiera confundirla, le sonrió con cordialidad. Todo lo hizo con gran ingenio, y el claro mensaje que había transmitido a su esposa pareció desvanecerse en un instante, no sin surtir en ella el efecto deseado. De repente, se la vio mucho más nerviosa y se inclinó hacia Liz, mientras esperaban que se reuniera el tribunal, para comentarle en voz baja:

—Si el juez paraliza su empresa, Phillip me mata. —Y lo dijo nerviosamente, de modo que nadie más que la abogada pudiera oírla.

—¿Quiere decir... literalmente? —preguntó Liz en un susurro claro.

—No... no... No creo... pero se va a volver loco... Mañana tiene que recoger a los niños y no sé qué voy a decirle.

—Usted no puede hablar del tema con él —contestó Liz, contundente—. ¿No tiene a nadie que pueda llevar los niños a su casa?

Amanda negó con la cabeza en silencio, con aire desprotegido. Liz se inclinó hacia su marido para decirle:

—No te pases.

Jack asintió mientras revolvía algunos papeles y luego levantó la vista y dirigió una leve y escueta sonrisa primero a Liz y luego a Amanda. Con aquel gesto quería comunicarles que sabía lo que hacía, que era un guerrero dispuesto a entablar la batalla y estaba decidido a no perder ante su adversario. Y como de costumbre, lo consiguió.

Después de oír los chanchullos que habían utilizado Phillip Parker y su defensa, el juez decidió inmovilizar sus bienes y seguir de cerca sus empresas durante los próximos treinta días hasta conseguir la información que necesitaba la defensa de su esposa para llegar a un acuerdo con él. Su abogado lo discutió con vehemencia, protestó airadamente ante el juez, pero este se negó a escuchar las razones, le mandó sentarse y, unos minutos después, golpeó la mesa con el mazo y levantó la sesión. Pasaron tan solo unos segundos y Parker, después de lanzar una fulminante mirada a la que al cabo de poco iba a ser su ex esposa, salió de la sala como una exhalación. Jack lo observó con una sonrisa de oreja a oreja y guardó los expedientes en su cartera al tiempo que dirigía una mirada de triunfo a su esposa.

—Buen trabajo —dijo Liz, tranquila, pero al mirar a Amanda se dio cuenta de que el pánico se había apoderado de ella. No dijo una palabra a ninguno de los dos mientras salía de la sala tras ellos, y Liz la miró con compasión para comentarle:

—Todo saldrá bien, Amanda. Jack tiene razón. Solo así nos hará caso. —Desde el punto de vista técnico y estratégico, Liz lo sabía y estaba convencida de ello, pero desde un ángulo humano estaba preocupada por su cliente e intentaba hacer lo que fuera para tranquilizarla—. ¿Puede conseguir que alguien esté con usted cuando vaya a recoger a los niños, para que no tenga que enfrentarse con él a solas?

—Por la mañana vendrá mi hermana con sus hijos.

—Es un gallito, Amanda —dijo Jack para tranquilizarla—. Si hay alguien con usted no abrirá ni la boca.

En el pasado, había sido así. Pero esta vez le habían presionado mucho. Ella antes no habría permitido que lo hicieran, pero como llevaba unos meses de terapia, intentaba ser más valiente y no dejar que Phillip la maltratara verbal, física o económicamente. Había dado un gran paso y esperaba que, una vez hubiera cedido el temblor, podría sentirse orgullosa del cambio. Por otro lado, si bien Jack a veces la asustaba, confiaba plenamente en él y había seguido siempre al pie de la letra sus instrucciones, incluso esta vez. A Amanda le había sorprendido que el juez se mostrara tan comprensivo con ella y, como comentó Jack mientras volvían al despacho, aquel gesto tenía que demostrarle algo. Al inmovilizar los bienes de Phillip y obligarle a darle a ella la información que llevaban meses pidiendo, el juez quería ayudarla y protegerla.

—Ya sé que tiene razón —dijo Amanda con un suspiro, sonriendo a los dos—, pero me da pánico ponerme exigente con él. Sé que tengo que hacerlo, pero cuando se enfada es un monstruo.

—Como yo —respondió Jack sonriendo.

Su esposa soltó una carcajada y poco después se despidieron de Amanda deseándole felices navidades.

—Las del próximo año serán mucho mejores —le prometió Liz esperando que su promesa se cumpliera. Deseaban conseguir un acuerdo que permitiera a aquella mujer vivir en paz y comodidad con sus hijos. La misma comodidad, o mejor, que la que disfrutaban las amantes de Phillip en las propiedades que él les había comprado. A una incluso le había regalado un chalet en Aspen para ir a esquiar, mientras su esposa apenas podía llevar a los niños al cine. Jack no soportaba los tipos como él, sobre todo cuando los hijos tenían que pagar la irresponsabilidad del padre—. ¿Verdad que tiene nuestro teléfono particular? —le preguntó Liz; Amanda asintió y pareció que empezaba a relajarse. Como mínimo de momento, lo peor había pasado y la decisión del juez la había impresionado—. Si nos necesita, llámenos. Y si, por la razón que sea, apareciera esta noche o llamara para amenazarla, avise a la policía y luego nos telefonea a nosotros —dijo Liz con un aire excesivamente protector, aunque pensó que no estaba mal recordárselo. Amanda les dejó poco después, agradecida, y Jack aprovechó para quitarse el abrigo y la corbata, sonriendo a su esposa mientras se deshacía el nudo.

—Me encanta haber derrotado a ese mal nacido. Tendrá su merecido cuando le soltemos las condiciones del acuerdo y entonces no podrá mover ni un dedo.

—Aparte de aterrorizar a Amanda —le recordó Liz con aire grave.

—Como mínimo pasará el susto viviendo con unos ingresos decentes. No hay duda de que sus hijos se lo merecen. Por cierto, ¿no crees que has exagerado un poco con lo de llamar a la policía? Por favor, Liz, el tipo no es un maníaco, no es más que un imbécil.

—Precisamente por eso. Es tan imbécil que puede llamar y amenazarla o aparecer e intentar darle un susto de muerte, lo es hasta el punto de conseguir que ella retroceda y nos pida que intentemos retirar la orden del juez.

—Ni soñarlo, amor mío. No se lo voy a permitir. Además, tú eres la que la asustas con estas tonterías de llamar a la policía.

—Solo pretendía recordarle que no está sola y que puede conseguir ayuda. Es una mujer maltratada, Jack. No se trata de una mujer lúcida y decidida que no está dispuesta a tolerar lo más mínimo a su ex marido. Es la viva estampa de la víctima, y tú lo sabes bien.

—Y tú una defensora de pleitos perdidos a la que quiero muchísimo —respondió Jack, acercándose a ella y cogiéndola por la cintura. Ya era casi la una e iban a cerrar el bufete desde Navidad hasta Año Nuevo. Y con cinco hijos que atender en casa, ni uno ni otro dudaba de que le esperaban unos días atareados. Pero cuando dejaban la oficina y se iban a casa, Liz se encontraba más a gusto con la perspectiva que Jack. Cuando estaba con sus hijos, realmente no podía pensar en nada más. Y a Jack le encantaba que fuera así.

—Te quiero, Jack Sutherland —dijo sonriendo mientras él la besaba. Normalmente no se mostraba tan cariñoso con ella en el trabajo, pero al fin y al cabo era Navidad y habían terminado lo que debían hacer antes de las fiestas, especialmente en aquellos momentos, pues habían solucionado la vista de Amanda Parker.

Liz guardó sus expedientes, Jack metió media docena por resolver en la cartera y media hora después se iba cada uno en su coche; Liz a casa, para ultimar detalles de la Nochebuena, y Jack a hacer las últimas compras en el centro. Él siempre dejaba alguna para el final, al contrario de Liz, que solucionaba la cuestión de los regalos para él y para los niños en noviembre. Era una mujer muy organizada, siempre pendiente de los detalles, la única forma en que podía compaginar las tareas familiares con las profesionales. Aquello era la clave, junto con la ayuda de Carole, la maravillosa asistenta que llevaba catorce años con ellos y estaba muy apegada a los niños. Liz no dudaba ni un instante de que sin ella se sentiría completamente perdida. Era una joven mormona que había llegado a su casa a los veintitrés años y quería a los hijos de los Sutherland casi como Jack y Liz, y tenía una especial predilección por Jamie, el de nueve años.

Al despedirse, Jack le aseguró que estaría en casa entre las cinco y las cinco y media. Aún le quedaba montar la nueva bicicleta de Jamie aquella noche, y Liz imaginaba que hacia las doce se encerraría en su estudio, en casa, y se dedicaría a envolver los regalos para ella a toda prisa. De todas formas, el día de Nochebuena en su casa se celebraba como Dios manda. Cada uno de ellos había aportado unos años de tradición navideña entrañable y a la larga habían conseguido una cálida e íntima celebración que hacía las delicias de los niños.

Liz recorrió la corta distancia que la separaba de su casa en el Hyundai Tiburon y sonrió para sus adentros al subir la pendiente que llevaba al garaje en Hope Street. Sus tres hijas acababan de llegar con Carole, pues habían estado con ella de compras, y salían del coche cargadas de paquetes. Megan, de catorce años, era una muchacha esbelta; Annie tenía trece y, aunque algo más robusta, era la viva estampa de su madre; y Rachel, de once, se parecía mucho a Jack, a pesar de ser pelirroja como Liz. Las tres se llevaban de maravilla y se las veía animadas y de buen humor comentando algo con Carole. Las tres sonrieron al ver llegar a su madre.

—¿Qué habéis hecho? —Liz abrazó a Annie y a Rachel y centró la vista en Megan—. ¿Otra vez con mi jersey negro preferido, Meg? ¿Tendré que pedir permiso para ponérmelo? Eres más corpulenta que yo y me lo ensancharás.

—Qué culpa tengo yo de que seas tan plana, mamá —respondió Megan con una risita culpable.

Constantemente se «prestaban» ropa entre ellas y con su madre, y la mayoría de las veces sin el permiso o el visto bueno de la dueña. Este era el único motivo de pelea entre las chicas, aunque a veces derivara en un serio problema. Liz se sentía afortunada al observarlas; ella y Jack tenían unos hijos estupendos y a los dos les encantaba estar con ellos.

—¿Dónde están los niños? —preguntó Liz al entrar detrás de ellas, dándose cuenta de que Annie llevaba sus zapatos preferidos. No había nada que hacer. Parecían destinadas a compartir un ropero comunitario, aparte de todo lo que ella les compraba.

—Peter ha salido con Jessica, y Jamie está en casa de un amigo —dijo Carole. Jessica era la última novia de Peter. Vivía por allí, en Belvedere, y él pasaba más tiempo en casa de ella que en la suya—. Tengo que ir a recoger a Jamie dentro de media hora —añadió Carole—. A menos que prefiera hacerlo usted.

Cuando Carole había llegado a la casa, a los veintitrés años, era una chica rubia y guapa; con los años había engordado un poco, pero a los treinta y siete seguía siendo atractiva y sabía tratar a los niños con cariño y afecto. Ya formaba parte de la familia.

—Había pensado hacer unas galletas esta tarde —dijo Liz mientras dejaba el bolso y se quitaba el abrigo. Echó una ojeada al correo que tenía en la mesa de la cocina pero no vio en él nada importante. Al levantar la vista y centrarla en los ventanales de la cocina vio la panorámica de San Francisco al otro lado de la bahía. Disfrutaban de una vista extraordinaria y vivían en una casa cálida y confortable. Tal vez fuera un poco pequeña para ellos, pero a todos les encantaba—. ¿Alguien me ayuda a hacer la masa? —preguntó, pero enseguida se dio cuenta de que ya nadie la escuchaba. Las tres niñas se habían ido a todo correr a sus habitaciones, probablemente a hablar por teléfono. Los cuatro mayores se peleaban constantemente por utilizar una de las dos líneas de la casa.

Liz estaba atareada aplanando la masa y cortándola con motivos navideños cuando bajó Carole al cabo de media hora para ir a recoger a Jamie. A Liz aún le quedaban muchas cosas por hacer y pensó que tal vez Jamie le echaría una mano. Al niño le encantaba trabajar en la cocina con su madre. Diez minutos después, cuando Carole entró de nuevo con él, Jamie soltó un chillido de alegría al ver lo que hacía su madre, metió el dedo en la pasta cruda y dibujó una mueca de placer al comerse el trocito que se le había adherido a la yema.

—¿Te ayudo? —dijo.

Era un niño guapísimo, con el pelo oscuro y espeso, los ojos castaños, la mirada tierna y una sonrisa que siempre conmovía a la madre. Tenía predilección por él, como les ocurría a todos, pues consideraban que siempre sería su pequeño.

—¡Cómo no! Pero primero lávate las manos. ¿Dónde has estado?

—En casa de Timmie —respondió Jamie, volviendo del fregadero con las manos mojadas mientras su madre le señalaba dónde estaba la toalla.

—¿Cómo lo has pasado?

—En su casa no es Navidad —respondió el niño con aire serio, ayudándola a aplanar el resto de la pasta.

—Ya lo sé —dijo Liz sonriendo—. Son judíos.

—Han puesto velas y se hacen regalos durante una semana. ¿Por qué no somos judíos nosotros?

—Hemos tenido mala suerte, me imagino. Pero creo que tenemos bastante con la Nochebuena. —Sonrió a su pequeño.

—He pedido una bici a Papá Noel —dijo el niño con aire esperanzado—. Le he dicho que Peter me ha prometido enseñarme a montar en ella.

—Lo sé, cariño.

Ella misma le había ayudado a escribir la carta. Tenía guardadas todas las cartas escritas por los niños a Papá Noel en el fondo de un cajón; eran maravillosas, en especial la de Jamie. Este levantó la vista con una cálida sonrisa y sus miradas coincidieron durante un largo momento.

Jamie era un crío especial, un insólito regalo en su vida. Había nacido con menos de siete meses y había sufrido primero daños a causa del parto y luego por el oxígeno que le habían suministrado. Podía haber quedado ciego, pero no fue así. Como consecuencia, sin embargo, presentaba un retraso en el aprendizaje que, a pesar de no ser agudo, le convertía en un niño diferente, más lento de lo que habría sido normal a su edad. De todas formas, lo llevaba bien; iba a una escuela especial y era un niño responsable, espabilado y cariñoso. Pero nunca sería como sus hermanos, algo que todos habían aceptado. Al principio, la noticia causó una gran impresión y un considerable tormento, sobre todo para ella. Se sentía muy responsable de lo ocurrido. Había trabajado muy duro en tres juicios consecutivos y arrastraba una gran tensión. Con los demás hijos había tenido mucha suerte, ninguno había constituido un problema. Pero con Jamie todo fue distinto desde el primer instante. Un embarazo difícil, cansancio y mareo desde el principio hasta el final y luego, de pronto, con dos meses y medio de antelación, sin previo aviso, se puso de parto y nadie pudo hacer nada para detenerlo. Jamie nació a los diez minutos de llegar Liz al hospital: un parto fácil para ella pero catastrófico para el niño. Al principio creían que las cosas irían aún peor; durante semanas pensaron que no iba a sobrevivir. Cuando por fin lo llevaron a casa, tras pasar un mes y medio en una incubadora, a todos les pareció un milagro, y lo seguían viendo como tal. Tenía un don especial para el amor y una sabiduría propia. Era el más amable y cariñoso de todos, y poseía un maravilloso sentido del humor a pesar de sus limitaciones. Todos aprendieron enseguida a valorarlo, a apreciar sus aptitudes, en lugar de lamentar lo que no era ni sería nunca. Era un niño tan guapo que la gente se volvía para mirarlo y luego quedaba sorprendida por la ingenuidad y la franqueza con las que hablaba. A veces les costaba un poco darse cuenta de que era diferente, y cuando lo veían, sentían lástima por el niño, actitud que molestaba a sus padres y hermanos. Cada vez que alguien decía a Liz que sentía lo de su hijo, ella respondía: «No lo sienta. Es un niño fantástico, con un corazón más grande que el mundo y al que todos quieren». Por otra parte, siempre se le veía feliz, y eso tranquilizaba a la madre.

—Te has olvidado de las virutas de chocolate —dijo Jamie, con toda la razón del mundo, pues las galletas con virutas de chocolate eran sus preferidas, las que Liz hacía siempre para él.

—Había pensado hacerlas sin chocolate para Nochebuena y motearlas de rojo y verde. ¿Cómo lo ves?

Jamie reflexionó un instante y luego dio su aprobación.

—Muy bien. ¿Hago yo los adornos?

—Claro.

Le pasó la plancha donde tenía las galletas en forma de árbol de Navidad y el azucarero para el rociado rojo; el niño se puso manos a la obra hasta que quedó satisfecho con su trabajo y Liz le dio luego la plancha siguiente. Trabajaron en equipo hasta acabar con toda la masa y colocó después las planchas en el horno. Entonces se dio cuenta de que Jamie parecía preocupado.

—¿Qué ocurre?

Quedaba claro que alguna cosa le inquietaba. Cuando se le metía algo en la cabeza, le costaba deshacerse de aquel pensamiento.

—¿Y si no la trae?

—¿Quién? —Los dos hablaban un lenguaje abreviado que ambos dominaban y les resultaba más fácil para comunicarse.

—Papá Noel— respondió Jamie mirando a su madre con ojos tristes.

—¿Te refieres a la bici? —Jamie hizo un gesto de asentimiento—. ¿Por qué no iba a traerla? Te has portado muy bien este año, cariño. Seguro que la trae. —Liz no quería quitarle la sorpresa pero al mismo tiempo deseaba tranquilizarlo.

—Puede que piense que no sabré montar en ella.

—Papá Noel es muy listo. Claro que aprenderás. Además, ya le dijiste que Peter te ayudaría.

—¿Se lo habrá creído?

—Por supuesto. ¿Por qué no te vas a jugar un rato o a ver

qué hace Carole y te llamo cuando las galletas estén listas? Así serás el primero en probarlas.

Jamie sonrió ante la perspectiva, se olvidó de nuevo de Papá Noel y se fue arriba a buscar a Carole, pues le gustaba mucho que le leyera cuentos. Él aún no había aprendido a leer.

Liz se fue a uno de los armarios, sacó unos regalos que había escondido, los colocó bajo el árbol y, cuando llegó el momento de sacar las galletas del horno, llamó a su hijo. Pero entonces Jamie estaba a gusto con Carole y no quiso bajar a la cocina. Así pues, puso las galletas en unas bandejas, las dejó en la mesa de la cocina y se fue arriba a envolver los tomos de Chaucer encuadernados en piel que había comprado para Jack. Los otros regalos para su esposo llevaban tiempo envueltos, pero había descubierto aquellos volúmenes hacía muy poco, curioseando en una librería.

El resto de la tarde pasó volando, y Peter volvió a casa antes que Jack. Se le veía feliz, emocionado; se comió unas cuantas galletas de las que había hecho su madre y luego le preguntó si podía volver a casa de Jessica después de cenar.

—¿Y por qué no viene ella a casa para variar? —respondió Liz algo quejosa.

Últimamente, a Peter casi no se le veía el pelo, pues pasaba su tiempo haciendo deporte, en la escuela o en casa de su novia. Liz pensaba que desde que su hijo tenía permiso de conducir solo iba a casa para dormir.

—Sus padres no la dejarán salir hoy. Es Nochebuena.

—Aquí también es Nochebuena —le recordó ella.

En aquel momento entró Jamie en la cocina y cogió una galleta mirando con adoración a su hermano mayor. Peter era el héroe de Jamie.

—En casa de Timmie no es Nochebuena. Es judío —saltó Jamie con toda naturalidad mientras Peter le revolvía el pelo y se comía unas cuantas galletas más—. Las he hecho yo —dijo Jamie señalando los dulces que iban desapareciendo en la boca de su hermano.

—Deliciosas —dijo Peter con la boca llena; luego se volvió hacia su madre—: Ella no puede salir esta noche, mamá. ¿Por qué no puedo ir yo allí? Aquí es aburrido.

—¡Gracias! Debes quedarte porque tienes cosas que hacer aquí —respondió Liz con firmeza.

—A mí tienes que ayudarme a poner las galletas y las zanahorias para Papá Noel y el reno —exclamó Jamie muy serio. Era algo que los niños hacían juntos todos los años, y Peter sabía que al pequeño le habría decepcionado no poder contar con él.

—¿Podré salir cuando él se vaya a la cama? —preguntó Peter.

A Liz le costaba negárselo. Era un buen muchacho, un excelente estudiante y merecía una recompensa.

—De acuerdo —transigió la madre—, pero no vuelvas tarde.

—A las once, te lo prometo.

Mientras estaban en la cocina entró Jack con aire cansado aunque victorioso. Había terminado sus compras navideñas y estaba convencido de haber encontrado el regalo perfecto para su esposa.

—¡Hola a todos! ¡Feliz Navidad! —dijo, cogiendo a Jamie, levantándolo un poco y dándole un fuerte abrazo mientras el niño soltaba una risita—. ¿Qué has hecho hoy, chavalote? ¿Estás a punto para recibir a Papá Noel?

—Mamá y yo hemos hecho unas galletas para él.

—¡Ñam! —exclamó Jack mientras cogía una y se la comía; luego se acercó a Liz para besarla mientras ambos intercambiaban una mirada de complicidad—. ¿Qué hay para cenar?

—Jamón asado.

Carole había puesto la pierna de cerdo en el horno aquella tarde y Liz iba a preparar lo que más les gustaba a todos: boniatos con malvavisco y judías de careta. Para el día de Navidad todos los años comían pavo, y Jack hacía su relleno especial. Liz le sirvió una copa de vino y se fueron los dos a la salita, con Jamie detrás de ellos. Peter se fue a llamar a Jessica para decirle que volvería a su casa después de cenar. La pareja oyó los chillidos cuando el muchacho cogió el aparato de las manos de Megan y dejó a uno de sus pretendientes con la palabra en la boca.

—¡Tranquilos, chicos! —gritó Jack a los que se peleaban arriba; luego se sentó en el sofá al lado de su esposa para disfrutar del espíritu navideño. El árbol estaba iluminado, y Carole había puesto un disco de villancicos. Jamie se sentó al lado de su madre y cantaba con aire alegre mientras esta y Jack charlaban. Al cabo de unos minutos volvió arriba a ver qué hacían Peter o Carole.

—Está preocupado por la bici —dijo Liz en voz baja a Jack. Este sonrió. Los dos sabían lo feliz que sería el niño cuando la tuviera. Llevaba tiempo pidiéndola, y ellos habían decidido por fin que estaba preparado para utilizarla—. Se ha pasado toda la tarde hablando de esta bici y tiene miedo de que Papá Noel no se la traiga.

—La montaremos cuando se vaya a la cama —murmuró Jack y luego se acercó a su esposa para besarla—. ¿Le he dicho últimamente lo bonita que es usted, letrada?

—Por lo menos hace un par de días que no lo oigo —respondió ella sonriendo.

A pesar de los años que llevaban casados y de estar constantemente rodeados de niños, su relación seguía marcada por la ternura. Jack era un experto en este campo, pues la llevaba a veces fuera a pasar una velada romántica, a cenar a algún sitio selecto o de fin de semana. Incluso le mandaba flores de vez en cuando sin un motivo específico. Lo de mantener el romanticismo en la relación constituía un arte, sobre todo teniendo en cuenta que trabajaban juntos y tenían suficientes razones para discrepar o simplemente aburrirse. Pero en realidad eso no había ocurrido nunca, y Liz agradecía los esfuerzos de Jack en este sentido.

—Esta tarde, mientras Jamie y yo hacíamos las galletas, he pensado en Amanda Parker. Espero que ese desgraciado no le cause problemas después de la vista de hoy. No me fío nada de él.

—Tienes que aprender a dejar el trabajo en el despacho —la reprendió Jack, y acto seguido se sirvió otra copa de vino. Se las daba de ser más experto que su esposa en lo de dejar los asuntos profesionales en su sitio.

—¿Ese maletín atestado de expedientes que he visto en el vestíbulo era tuyo o son imaginaciones mías? —le preguntó ella, tomándole el pelo, y Jack se echó a reír.

—Solo los transporto. No pienso en ellos. Es mejor hacerlo así.

—Sí, supongo.

Liz conocía bien a su marido. Siguieron charlando un rato, y luego ella se fue a preparar la cena. Aquella noche alargaron la sobremesa hablando con los niños y riendo con ellos. Contaban tonterías de años anteriores, y Jamie entró en la conversación para recordarles aquel día en que la abuela había ido a pasar las navidades en casa, e insistió en llevarles a la misa del gallo y luego se había quedado dormida en la iglesia, lo que había provocado un ataque de risa a todos los pequeños al oír los ronquidos. Aquello recordó a Liz la tranquilidad que le daba que aquel año su madre pasara las navidades con su hermano. Era complicado tenerla en casa durante las vacaciones, pues se dedicaba a decir a todo el mundo lo que tenía que hacer y cómo; tenía sus manías y seguía sus tradiciones y a Liz jamás la dejaba en paz en cuanto a Jamie. Cuando nació el niño, la mujer se sintió horrorizada, calificó la situación de tragedia y seguía considerándolo así y comentándolo a la mínima oportunidad cuando el pequeño no podía oírla. Consideraba que había que internarlo en una escuela especial para que los demás no tuvieran que soportar aquella «carga». Cada vez que abría la boca en este sentido, Liz se ponía furiosa. Jack le decía que no le hiciera caso, que lo que opinaba su madre no contaba para nada. Jamie era una parte importante de la familia, y por nada del mundo lo mandarían a ninguna parte. Los demás se indignarían si Jamie abandonara la casa. Aún hoy Liz se enojaba cada vez que oía a su madre decir algo negativo sobre Jamie.

Peter ayudó al pequeño a colocar la leche y las galletas para Papá Noel, como hacía todos los años, junto con un plato de zanahorias y un cuenco de sal para el reno, además de una nota que Jamie le dictó en la que recordaba a Papá Noel lo de su bici y le pedía que fuera generoso con Peter y sus hermanas.

—Muchas gracias, Papá Noel —terminó de dictar Jamie, y fue asintiendo con aire satisfecho cuando Peter le leyó lo que había escrito—. ¿Le pongo que no pasa nada si no me trae la bici? —preguntó luego, algo preocupado—. No quiero que esté triste si no la ha traído.

—No, creo que está bien así. Además, has sido tan bueno que estoy seguro de que te la traerá.

Todos sabían la ilusión que le hacía la bici y también que iba a tenerla, por ello esperaban ilusionados ver su reacción el día de Navidad por la mañana.

Por fin Liz llevó a Jamie a la cama. Megan estaba al teléfono, como siempre, y Rachel y Annie se reían en su habitación probándose ropa. Peter se fue a casa de Jessica después de ayudar a su padre a armar la bicicleta de Jamie. Liz estaba atareada limpiando en la cocina y organizando la comida del día siguiente. Carole se había ido a llevar algo a una amiga, y Liz le había dicho que ella misma recogería la mesa después de cenar. Era una velada tranquila y feliz, impregnada de espíritu navideño, en la que Liz y Jack disfrutaban de la perspectiva de las fiestas y un largo fin de semana. Trabajaban duro y sabían aprovechar el tiempo que pasaban con sus hijos. Subían las escaleras cogidos de la mano cuando les llamó Amanda Parker. Megan había respondido, Liz fue a hablar con ella y en cuanto se puso al aparato se dio cuenta de que Amanda había estado llorando. Apenas podía hablar.

—Siento llamar en Nochebuena... hace un momento ha

telefoneado Phil y... —Empezó a sollozar, y Liz trató de calmarla.

—¿Qué ha dicho?

—Dice que si no les digo a ustedes que anulen lo del bloqueo me matará, y ha dicho también que nunca va a pasarme ni un céntimo de ayuda, que le da igual que los niños mueran de hambre.

—No va a hacerlo, usted ya lo sabe. Tiene la obligación de mantenerla. Lo único que intenta es asustarla. —Y lo había conseguido. Liz no soportaba aquel tipo de casos, tener que ver cómo maltrataban a algún cliente al que tenía simpatía. Tiempo atrás, Amanda le había contado cosas que hacían estremecer. La había intimidado y aterrorizado tanto que la mujer había esperado mucho tiempo antes de dejarlo. Y en aquellos momentos no podía ceder cuando la amenazaba y ellos iban a conseguir sacar al marido la ayuda que ella necesitaba. Sin embargo, Liz era consciente de que para Amanda no era tarea fácil. Era la víctima perfecta—. No vuelva a responder al teléfono —le dijo Liz en voz baja—. Cierre todas las puertas, permanezca en casa con los niños, y si oye algo sospechoso fuera, llame a la policía. ¿De acuerdo, Amanda? Lo único que pretende él es asustarla. Recuerde que es un gallito. Si usted no cede terreno, él retrocederá.

Amanda no parecía muy convencida de ello cuando respondió:

—Dice que me matará.

—Si vuelve a amenazarla, conseguiremos una orden de alejamiento para la próxima semana. Y después, si se le acerca, podemos hacer que le detengan.

—Gracias —dijo ella, en un tono que demostraba cierto alivio—. Siento mucho molestarles en Nochebuena.

—No nos molesta. Para eso estamos. Llame siempre que lo necesite.

—Estoy bien. Ahora me siento mejor. Hablar con usted me ha tranquilizado —dijo, agradecida.

Liz sintió una gran lástima por ella. Estaba pasando unas navidades espantosas.

—Me da mucha pena —dijo Liz a Jack cuando entraban en la habitación. Había hablado con Amanda usando el teléfono del pasillo—. No está preparada para enfrentarse a ese monstruo.

—Por eso nos tiene a nosotros para defenderla.

Se había quitado los zapatos y andaba en calcetines, riendo para sus adentros al pensar en el regalo que había comprado a su esposa. Pero cuando la miró se dio cuenta de que estaba realmente preocupada.

—¿Tú crees que a estas alturas se atreverá a hacerle daño? —preguntó ella. Phillip Parker había maltratado a su esposa tiempo atrás, pero ya llevaban un tiempo separados.

—Supongo que no. Creo que intenta intimidarla. ¿Pero qué quiere ahora? ¿Que anulemos la orden de hoy? —Liz asintió. Aquello era exactamente lo que preveía Jack, y no les sorprendía a ninguno de los dos—. Puede hacer todos los aspavientos que quiera que nosotros no vamos a dar marcha atrás, y él lo sabe.

—Pobre Amanda. Es muy duro para ella.

—Tiene que aguantar y superar el mal trago. Nosotros se lo solucionaremos, y él tendrá que pasar por el tubo. Tiene dinero suficiente para llegar a un acuerdo justo, mantenerla a ella y a los niños. Si hace falta, que reduzca un poco las asignaciones a las amantes.

—Puede que esto es lo que le dé miedo —dijo sonriendo Liz.

Miraba con admiración a su esposo. Jack se estaba quitando la camisa y, como siempre, le pareció terriblemente atractivo. A los cuarenta y cuatro años seguía teniendo un cuerpo fuerte, de aspecto atlético y, a pesar del pelo blanco, parecía mucho más joven.

—¿De qué te ríes? —preguntó él en tono provocador mientras se quitaba el pantalón.

—Pensaba que eres guapísimo. Creo que eres incluso más atractivo que cuando nos casamos.

—Tendrás que ir al oculista, cariño, pero de todas formas te lo agradezco. Tú también estás guapísima.

Con cuarenta y un años, nadie habría imaginado que Liz tuviera cinco hijos. Jack se acercó a ella, la besó y los dos se quitaron de la cabeza a Amanda Parker y sus problemas. A pesar de que les caía muy bien y sentían lástima por ella, aquella mujer formaba parte de su vida laboral, algo que tenían que dejar a un lado en aquellos momentos y disfrutar de las navidades junto con sus hijos.

Se sentaron en la cama a ver un rato la televisión; las niñas pasaron a darles las buenas noches antes de acostarse, y Liz oyó entrar a Peter cuando daban las once. El muchacho cumplía siempre sus promesas. Después de las noticias, apagaron la luz y se metieron en la cama abrazados. A Liz le encantaban las demostraciones de cariño, y cuando él le susurró algo, con una risita contenida, se fue de puntillas a cerrar la puerta. Nunca sabían cuándo iba a entrar alguno de los hijos, en especial Jamie, quien a menudo se despertaba de noche y pedía a Liz un vaso de agua y que volviera a arroparle. Pero en cuanto hubo cerrado la puerta, la habitación fue solo para ellos. Jack le quitó el camisón, la besó y ella soltó un leve gemido al fundirse los dos cuerpos. Aquella era la forma perfecta de pasar la Nochebuena.

2

El día de Navidad, a las seis y media de la mañana, Jamie se subió a la cama de sus padres. Liz se había puesto de nuevo el camisón y abierto la puerta antes de ponerse a dormir. Jack estaba aún sumido en un sueño profundo, con el pantalón del pijama puesto, cuando el niño se instaló junto a Liz. La pareja había dormido abrazada toda la noche. Cuando Jamie preguntó a su madre si era hora ya de bajar, el resto de la familia no se había movido todavía.

—No, tesoro —respondió ella en voz baja—. ¿Por qué no duermes un rato con nosotros? Aún es de noche.

—¿Y cuándo será hora de bajar? —susurró él.

—Habrá que esperar un par de horas —Liz tenía la intención de retenerlo el máximo tiempo posible. Con un poco de suerte, pensaba, hasta las ocho. Los demás ya eran lo suficientemente mayores para no querer levantarse al alba. Pero la emoción y las expectativas podían con Jamie. Al cabo de un rato, Liz lo llevó de puntillas a su habitación, le dio un beso y le dejó un cubo de Legos para jugar—. Vendré a buscarte cuando sea la hora —le prometió mientras el pequeño empezaba una construcción con los bloques.

De vuelta al dormitorio, se abrazó otra vez a Jack, pues sabía que le quedaba una hora. El cuerpo de él le resultó cálido y acogedor y sonrió para sus adentros al acercársele más.

Ya habían dado las ocho cuando Jack se movió por fin y

Jamie entró otra vez en la habitación. Dijo que había acabado los bloques. Liz dio un beso a su esposo sonriendo y él le devolvió el gesto algo somnoliento, recordando los placeres de la noche anterior, mientras ella mandaba a Jamie a despertar al resto.

—¿Hace mucho que estás despierta? —preguntó Jack, rodeándola con el brazo en un gesto perezoso y atrayéndola hacia sí.

—Jamie ha venido a las seis y media. Ha tenido mucha paciencia pero no creo que aguante más.

Cinco minutos después entraba de nuevo en el dormitorio seguido por sus hermanos. Las niñas tenían cara de sueño y Peter llevaba a su hermano cogido del hombro. La noche anterior había ayudado a montar la bicicleta para el pequeño y sonreía pensando en lo mucho que le gustaría.

—¡Vamos, arriba, papá! —exclamó Peter riendo y quitándole la ropa de la cama, mientras Jack se volvía, protestando e intentando taparse la cabeza con la almohada, pero aquel gesto desencadenó las ganas de hacer travesuras a sus hijas, y, sin darle tiempo a defenderse, Annie y Rachel se le echaron encima, al tiempo que Megan le hacía cosquillas y Jamie chillaba de emoción. Liz se levantó, se puso la bata y observó la escena. De pronto aquello se había convertido en una maraña de brazos y piernas; todos se comportaban otra vez como niños mientras el padre contraatacaba haciéndoles cosquillas y metía a Jamie también en el grupo. Formaban como un gran ocho bullicioso y Liz, muerta de risa, acabó rescatando a Jack y diciéndoles que ya era hora de bajar y ver lo que les había dejado Papá Noel. Jamie fue el primero en bajar de la cama y dirigirse rápidamente hacia la puerta; los demás le siguieron, riendo aún, y Peter y Jack fueron los últimos en abandonar la habitación. Cuando estos cruzaban el umbral de la puerta del dormitorio, Jamie había bajado ya media escalera.

Aún no veía los regalos, pues no había doblado la vuelta de

la escalera, pero en cuanto lo hizo, vio todos los paquetes, atractivos, brillantes, rojos, preciosos. Liz observaba la expresión del pequeño y los ojos se le nublaron. En el momento en que localizó la bicicleta y se lanzó escaleras abajo, el rostro de Jamie reflejaba la magia de la Navidad. Todos lo miraban con satisfacción y orgullo. Liz le sujetó la bici para que pudiera montar en ella y Peter cogió el manillar para que diera una vuelta por el salón sin topar con los regalos esparcidos por el suelo. Jamie estaba tan emocionado que apenas sabía lo que hacía.

—¡La conseguí! ¡La conseguí! ¡Papá Noel me ha traído la bici! —gritaba mirándoles a todos mientras Jack ponía un disco de villancicos.

De repente toda la casa se impregnó de ambiente navideño. Las niñas se sentaron en el suelo para abrir sus regalos y finalmente Peter convenció a su hermano pequeño para que bajara de la bici y pudieran los dos abrir los regalos. Jack acababa de sacar los libros de Chaucer de una caja, y de otra la americana de cachemira que Liz le había comprado en Neiman Marcus. Liz sintió una profunda emoción al ver el brazalete de oro que Jack le había escogido con tanto acierto el día anterior: era perfecto para ella y le encantó, tal como él había esperado.

Pasaron media hora abriendo regalos, soltando exclamaciones de sorpresa ante los detalles, y luego Jamie se subió de nuevo a la bici y Peter le ayudó a mantenerse en ella mientras Liz se disponía a preparar el desayuno. Iban a comer gofres, salchichas y beicon, el típico desayuno navideño. Mientras preparaba los gofres y canturreaba un villancico, Jack entró en la cocina y ella aprovechó para repetirle lo mucho que le había gustado el brazalete.

—Te quiero Liz —dijo él, mirándola tiernamente—. ¿Has pensado alguna vez en lo afortunados que somos? —añadió volviendo la cabeza hacia los gritos de júbilo que llegaban del salón.

—Unas cien veces al día, a veces incluso más. —Se acercó

a él, lo rodeó con sus brazos y lo besó mientras él la estrechaba contra su cuerpo.

—Gracias por todo lo que haces por mí... No sé qué he hecho para merecerte, pero sea lo que sea, soy feliz de que estemos juntos —dijo Jack, con todo el cariño del mundo, sin soltarla.

—Y yo también —respondió ella, y luego se volvió hacia la cocina para controlar las salchichas y el beicon.

Preparó café y zumo de naranja, se ocupó de los gofres, las salchichas y el beicon y poco después se sentaban todos a desayunar, charlando animadamente sobre los regalos, riendo y tomándose el pelo entre ellos. Jamie había dejado la bicicleta en la cocina, cerca de donde se sentaba él. Si se lo hubieran permitido, habría desayunado sentado en el sillín.

—¿Qué planes hay para hoy? —preguntó Jack, sirviéndose una segunda taza de café mientras los demás se quejaban de lo mucho que habían comido y de lo llenos que se sentían.

—Yo tengo que ir pensando en poner el pavo —dijo Liz echando una ojeada al reloj. Había comprado uno de diez kilos y tendría que dejarlo muchas horas en el horno. A Jack le tocaba preparar el famoso relleno.

Las chicas dijeron que iban a probarse los regalos y a llamar a sus amistades. Peter tenía intención de pasar por casa de Jessica, Jamie le hizo prometer que volvería pronto para echarle una mano con la bici nueva y Jack comentó que iba a ir un rato al despacho.

—¿En Navidad? —Liz le miró sorprendida.

—Solo un momento. —Le dijo que había olvidado uno de los expedientes con los que pensaba trabajar durante el fin de semana.

—¿Por qué no lo dejas para mañana? Hoy no te hace falta —insistió ella. Le empezaba a dar la impresión de que se había convertido en un adicto al trabajo. Y al fin y al cabo, era Navidad.

—Me tranquilizará saber que lo tengo aquí. Así mañana

me levanto y ya puedo empezar —respondió Jack con aire de disculpa.

—¿No eras tú quien me decía que tenía que aprender a dejar el trabajo en el despacho? Practique lo que predica, letrado.

—Salgo cinco minutos y enseguida vuelvo para lo del relleno. Ni te enterarás de que estoy fuera. —Le sonrió, la besó cuando los niños se hubieron levantado de la mesa y la ayudó a recoger.

Liz se quedó en la cocina preparando el pavo y media hora después bajó Jack con pantalón caqui y jersey rojo, recién afeitado.

—¿Necesitas algo? —preguntó antes de salir, pero ella negó con la cabeza mientras le sonreía.

—Solo a ti. A diferencia de otros, yo no pienso trabajar este fin de semana. Durante las fiestas, libro.

Llevaba aún la bata puesta, la cabellera pelirroja se veía lisa y brillante por encima de los hombros y aquellos grandes ojos verdes contemplaban con amor a su esposo. Él consideraba que el aspecto de Liz no había cambiado en nada desde que se casaron.

—Te quiero, Liz —dijo con ternura y, después de despedirse con otro beso, se fue hacia la puerta.

Estuvo pensando en ella durante todo el viaje hasta el despacho, y al llegar dejó el coche en el aparcamiento habitual, fuera del edificio. Abrió con sus propias llaves y una vez dentro no cerró. Desconectó la alarma y entró en su despacho. Sabía exactamente dónde había dejado el expediente y que aquello le llevaría apenas un minuto. Cuando iba a conectar otra vez la alarma, oyó pasos en el pasillo. Sabía que no podía haber nadie por allí, incluso se preguntó si Liz le había seguido, pero viendo que aquello no tenía ninguna lógica, se asomó a la puerta para ver si había entrado alguien después de él.

—¡Hola! —gritó, pero no obtuvo respuesta, si bien poco

después oyó una especie de crujido y acto seguido un curioso clic metálico; al doblar la esquina se encontró cara a cara con Phillip Parker, el marido de Amanda.

Tenía un aspecto muy desagradable, iba despeinado, sucio y con aire de resaca. Jack bajó la vista, vio que le apuntaba con una pistola, pero se dirigió al marido de su cliente con una tranquilidad realmente curiosa:

—Aquí no necesita el arma, Phil, guárdela.

—¡A mí no tienes que decirme lo que tengo que hacer, hijo de puta! ¿Qué te has creído, que ibas joderme o qué? ¿Que podías acojonarme...? Pues no, no me acojonas, pero me cabreas. Has cambiado a mi mujer de arriba abajo, has conseguido que haga lo que tú dices, y crees que le has hecho un gran favor... ¿Quieres que te diga lo que has hecho por ella? —Jack se dio cuenta de que Parker estaba llorando, que llevaba una mancha de sangre en una manga y de que su expresión era la de un loco. Tuvo la impresión de que aquel hombre que sujetaba una pistola estaba drogado o borracho. Estaba totalmente fuera de sí, histérico, mientras proseguía—: Le dije que la mataría si no retrocedíais... No voy a permitir que me la juegues así... No puedes inmovilizar mis propiedades y putearme de esta forma... Le dije que lo haría... le dije... Ella no tiene ningún derecho... Tú no tienes ningún derecho...

—Será solo un mes, Phil, hasta que nos proporcione la información que le pedimos. Podemos anularla cuando queramos. El lunes mismo si usted quiere. Cálmese. —El tono de Jack era profundo, sereno y tranquilizador, aunque el corazón le latía aceleradamente.

—El que tiene que calmarse eres tú y no decirme a mí qué debo hacer. Además, ya es tarde. Ya no tiene ninguna importancia. Lo has estropeado todo. Me has obligado a hacerlo.

—¿Qué le he obligado a hacer, Phil?

Jack lo sabía instintivamente, incluso antes de que se lo dijera Phil Parker. Liz tenía razón: lo habían presionado hasta el límite, y mientras observaba a aquel hombre, de repente sintió pánico por Amanda. ¿Qué le había hecho a ella o a los niños?

—La he matado —respondió Phil sin ambages, y con aquellas palabras empezó a sollozar—. Es culpa tuya. Yo no quería hacerlo. Me he visto obligado. Ella quería quitármelo todo... Lo quería todo, ¿verdad? La muy golfa... no teníais derecho... ¿Qué iba a hacer yo mientras me inmovilizaban los recursos? ¿Morir de hambre?

Jack era consciente de que no tenía ningún sentido responderle, pues todo lo que le quedaba era rezar para que no fueran ciertas las palabras que el hombre había pronunciado.

—¿Cómo sabía que iba a estar yo aquí, Phil? —preguntó Jack, calmado.

—Te he seguido. Me he pasado toda la mañana delante de tu casa.

—¿Dónde está Amanda?

—Ya te lo he dicho... está muerta... —Se secó la nariz con la manga y al hacerlo se manchó la cara con la sangre que tenía en la chaqueta.

—Y los niños, ¿dónde están?

—Con ella. Los he dejado allí —respondió, lloroso.

—¿También los ha matado?

Phil negó con la cabeza mientras apuntaba con la pistola a la cabeza de Jack.

—Los he dejado en la habitación con ella —Jack notó que se le revolvía el estómago al oír aquello—. Y ahora tengo que matarte a ti. Es de justicia. Todo es culpa tuya. Tú la obligaste. Era una buena chica hasta que apareciste tú. Es culpa tuya, ¡cabrón!

—Ya lo sé. Amanda no tiene ninguna culpa, Phil. Y ahora deje de apuntarme y hablemos de ello.

—¡No me digas lo que tengo que hacer, hijo de puta, porque tú también saldrás con los pies por delante! —En una fracción de segundo, aquel hombre había pasado del dolor a la furia: sus ojos se clavaban en Jack como dos rayos láser, y este comprendió de repente que hablaba en serio, que era capaz de cumplir su promesa.

—Deje de apuntarme, Phil. —La voz de Jack destilaba tranquilidad y fuerza mientras él avanzaba un paso hacia Phillip Parker—. Deje de apuntarme, Phil.

—¡Jódete, hijo de puta! —exclamó Parker, pero fue bajando despacio la pistola que apuntaba a la frente de Jack y este se dio cuenta de que iba venciéndolo.

Phil temblaba y en un instante Jack podía hacer un movimiento y arrebatarle la pistola. Sin dejar de mirarle de hito en hito siguió avanzando lentamente hacia él, y cuando estaba a punto de agarrarlo, se oyó una explosión; Jack le miró desconcertado. Le había apuntado el arma al pecho y, durante un momento, Jack no notó nada, con lo que pensó que había fallado el tiro, pero en realidad la bala había trazado un recorrido tan limpio en su interior que apenas sentía nada. Se quedó donde estaba, mirando, incapaz de levantar los brazos, cómo Phil Parker se colocaba el cañón en la boca, apretaba el gatillo y se levantaba la tapa de los sesos, esparciendo sangre y fragmentos de cerebro contra la pared que tenía detrás; Jack notó la sacudida de la bala en el pecho, cayó arrodillado e intentó comprender lo sucedido. Todo se había desarrollado a gran velocidad. Sabía que tenía que llamar a alguien antes de perder la conciencia y había visto el teléfono en el escritorio al caer lentamente contra este. Haciendo un gran esfuerzo alcanzó el auricular, tiró del aparato y consiguió marcar el número de la policía. Oyó la voz al otro lado mientras se deslizaba hacia el suelo, pero apenas le quedaba un hilillo de voz.

—Policía de guardia...

—Me han disparado... —Se las compuso para articular aquellas palabras mientras veía la sangre que salía de su jersey y caía sobre la moqueta en la que estaba tendido.

Le repitieron el número de teléfono y la dirección y él se lo confirmó, jadeando, añadiendo que la puerta estaba abierta.

—Llamen a mi esposa —dijo también con la voz tomada y, al darles el teléfono de su casa, notó que se le cerraban los ojos.

—Ahora mismo le enviamos una ambulancia. No tardará ni tres minutos —dijo la voz, pero Jack apenas entendió el mensaje. ¿Por qué una ambulancia? ¿Por qué le enviaban una ambulancia? No era capaz de recordar nada. Solo quería ver a Liz. Tumbado en el suelo con los ojos cerrados, notó frío y humedad y oyó el sonido distante de una sirena. Se preguntó si era Liz y por qué hacía tanto ruido. Luego, de golpe, oyó unas cuantas voces a su alrededor y vio que alguien le cambiaba de posición. Le pusieron algo sobre el rostro, tiraron de su cuerpo y las voces se convirtieron en un griterío. No era capaz de recordar por qué estaba aquella gente allí ni lo que había sucedido. ¿Dónde estaba Liz? ¿Qué le habían hecho? Notaba que se estaba deslizando hacia la oscuridad, aunque alguien seguía hablándole. En aquellos momentos lo único que quería era ver a Liz y no a todos aquellos que le hablaban a gritos. ¿Quiénes eran? ¿Dónde estaban su esposa y sus hijos?

Liz seguía en la cocina, en bata, cuando llamaron. Hacía unos diez minutos que Jack se había ido y tuvo el extraño presentimiento de que podía tratarse de Amanda. La sorprendió oír una voz desconocida. El que llamaba se identificó como agente de policía, dijo que tenían razones para pensar que habían herido a su marido en el bufete y que él mismo les había pedido que la telefonearan. Habían mandado ya una ambulancia al lugar de los hechos.

—¿Mi marido? —Se preguntó si era una broma. No le veía la lógica. Había salido unos minutos antes—. ¿Un accidente de coche? —Pero ¿por qué no llamaba él? Aquello era de locos.

—La persona que ha llamado ha dicho que le habían disparado —respondió el agente en tono amable.

—¿Disparado? ¿A Jack? ¿Seguro?

—Aún no han llegado al lugar de los hechos, pero quien llamó pidió que contactáramos con su esposa y nos dio su teléfono. Tal vez quiera desplazarse hasta allí...

Mientras escuchaba, Liz pensó en subir a vestirse, pero luego decidió que no. Si era cierto que Jack estaba herido, tenía que salir volando. Agradeció la información y se fue al pie de la escalera para llamar a Peter y decirle que cuidara de Jamie.

—Vuelvo en unos minutos —dijo ella, y ni siquiera lo esperó para explicarle lo sucedido.

Cogió las llaves del coche de la barra de la cocina y salió de la casa con la bata puesta. Se metió en el coche, bajó la pendiente con marcha atrás y sin darse cuenta empezó a rezar: «Dios mío... no permitas que le haya pasado nada... por favor... que no le pase nada». Retumbaban en su cabeza las palabras que había oído por teléfono. Aquella persona le había dicho que a Jack le habían disparado... disparado... disparado... ¿Cómo podían haber disparado a Jack? Aquello era una locura. Era Navidad y él tenía que preparar el relleno. Todo lo que le venía a la cabeza era la sonrisa de su esposo cuando había bajado a la cocina vestido con pantalón deportivo y jersey rojo... La persona que ha llamado ha dicho que le habían disparado...

Entró en el aparcamiento de delante del despacho a una velocidad vertiginosa, vio dos coches patrulla y una ambulancia con las luces intermitentes encendidas y entró corriendo para ver qué había ocurrido. Subió la escalera a toda prisa repitiendo, casi sin aliento, el nombre de Jack, como si estuviera llamándolo, para que él supiera que ya estaba allí, pero al entrar en el despacho no lo vio. Lo que sí vio fue un grupo de agentes de policía y personal médico a su alrededor. Estos últimos le estaban atendiendo y, mirando desde atrás, se dio cuenta de la enorme mancha de sangre que había en la pared frente a la que se había disparado Phil Parker; aquella visión le provocó un fuerte mareo. Al pie de las manchas estaba el cadáver, cubierto por una lona. De pronto, sin pensarlo dos veces, dio un empujoncito a uno de los agentes y vio a su marido en el suelo. Su rostro tenía el color del cemento y los ojos cerrados; Liz se cubrió la boca con la mano, soltando un grito ahogado y cayó de rodillas junto a su esposo. Jack parpadeó como si comprendiera que ella estaba allí. Le habían colocado una vía en un brazo y estaban trabajando en la herida del pecho. El trozo de jersey que habían cortado estaba a su lado sobre la moqueta, manchado de sangre. Se veía sangre por doquier, en el cuerpo de Jack, en los de los demás y en la moqueta donde estaba tumbado él, y en cuanto Liz se acercó, también quedó manchada su ropa; su marido sonrió al verla.

—¿Qué ha ocurrido? —preguntó ella, excesivamente asustada para intentar digerir el suceso o tan siquiera comprenderlo.

—Parker —dijo él en un susurro y cerró otra vez los ojos, mientras lo trasladaban con sumo cuidado a una camilla; pero los párpados se abrieron de nuevo para mirarla, frunciendo el ceño, decidido a decirle algo:

—Te quiero... No pasa nada, Liz...

Intentó estirar el brazo para tocarla pero por lo visto no tuvo fuerza suficiente, y al seguir la camilla camino del exterior, Liz se dio cuenta de que su marido había perdido la conciencia y de repente sintió un pánico terrible. No podían detener la hemorragia y la presión sanguínea descendía de forma incontrolable. Alguien la agarró del brazo, la metió en la ambulancia, la puerta se cerró de golpe y el vehículo salió veloz, mientras el personal médico trabajaba frenéticamente con él, intercambiando escuetos comentarios. Sin embargo, Jack no volvió a abrir los ojos ni a hablarle; Liz permaneció junto a él, mirando lo que ocurría, sin dar crédito a lo que veía ni a lo que oía. De pronto, uno de los que le atendían apretó el pecho de Jack y la sangre salió a borbotones. La ambulancia parecía inundada con la sangre de Jack, Liz también estaba empapada y oía al enfermero que iba repitiendo: «sin pulso... sin presión sanguínea... sin latidos» mientras clavaba su vista en el personal médico, horrorizada. Al llegar al hospital, aquellas personas se volvieron hacia ella y el que había realizado las compresiones movió la cabeza con expresión apenada.

—Lo siento.

—Hagan algo... tienen que hacer algo... no paren... por favor, no paren... —dijo ella entre sollozos—. No, por favor...

—Ha muerto... Lo siento...

—No ha muerto... no ha muerto... —gemía Liz inclinada sobre Jack y abrazándolo. Llevaba la bata manchada de rojo y notaba entre sus brazos aquel cuerpo inerte y la mascarilla de oxígeno que silbaba. De pronto alguien la apartó de él, la llevó al hospital, la abrigó con una manta y Liz oyó a su alrededor una serie de voces extrañas. Entraron luego la camilla y, cuando ella levantó la vista, se dio cuenta de que habían cubierto el cuerpo de Jack con una manta. Tenía ganas de levantársela de la cara para dejarle respirar, pero la camilla pasó de largo. No sabía adónde lo llevaban y se veía incapaz de moverse. No podía hacer nada. Ni siquiera pensar. Tampoco hablar. Imposible hacer algo o saber dónde estaba Jack.

—¿Señora Sutherland? —preguntó por fin una enfermera que llevaba un rato delante de ella—. Siento mucho lo de su marido. ¿Hay alguien que pueda pasar a recogerla?

—No sé... Yo... ¿Dónde está él?

—Le hemos llevado abajo. —Aquello le sonó como un terrible mal augurio—. ¿Ha decidido adónde quiere que lo lleven?

—¿Que lo lleven? —Liz la miró sin comprender lo que decía, como si le hablara en una lengua extranjera.

—Tendrá que encargarse de los preparativos.

—¿Preparativos? —No podía hacer más que repetir las palabras de la enfermera. Le resultaba imposible pensar o hablar como alguien normal. ¿Qué le habían hecho a Jack? ¿Qué había ocurrido? Le habían disparado. ¿Dónde estaba?

—¿Quiere que llame a alguien?

Liz ni siquiera sabía qué contestar. ¿A quién podía llamar? ¿Qué tenía que hacer? ¿Cómo había ocurrido aquello? Jack se había ido al despacho unos minutos a recoger un expediente y tenía que volver para preparar el relleno. Mientras intentaba comprender algo, se le acercó uno de los agentes.

—Cuando quiera la llevaremos a casa. —Liz le miró desconcertada, mientras el hombre intercambiaba una mirada con la enfermera—. ¿Hay alguien ahora en su casa?

—Mis hijos —respondió ella con voz quebrada, intentando ponerse de pie; aunque las piernas le temblaban, apenas podían sostenerla y el agente tuvo que sujetarla.

—¿Quiere que llame a otra persona?

—No sé.

¿A quién tenía que llamar una mujer cuando habían matado a su marido de un tiro? ¿A Jean, su secretaria? ¿A Carole? ¿A su madre en Connecticut? Sin pensárselo, les dio los números de Jean y de Carole.

—Les diremos que la esperen en su casa.

Liz hizo un gesto de asentimiento y otro agente se fue a hacer las llamadas mientras la enfermera le daba una bata de hospital limpia para salir y le ayudaba a quitarse la que llevaba, completamente manchada por la sangre de Jack. El camisón también estaba empapado, pero no se lo cambió. Sabía que podía llamar a algunos amigos pero no tenía fuerzas ni para pensar en cuáles. Lo único que tenía en la cabeza era la imagen de Jack tendido en el suelo, susurrándole que la quería. Dio las gracias a la enfermera por la bata, le prometió que se la devolvería y, descalza, atravesó el vestíbulo del hospital para salir fuera, donde la esperaba el coche patrulla. La enfermera de recepción le pidió que llamara cuando tuviera listos los preparativos. Incluso aquella palabra le parecía desagradable.

Liz no abrió la boca al entrar en la parte trasera del coche policial y ni siquiera tuvo conciencia de que lloraba cuando, con los ojos empañados, miraba a través del enrejado del vehículo las espaldas de los dos agentes que la llevaban a casa. Al llegar, le abrieron la puerta, la ayudaron a salir y le preguntaron si los necesitaba. Ella movió la cabeza y empezó a sollozar cuando Carole salió a recibirla, en el preciso momento en que Jean aparcaba el coche. De pronto las dos mujeres la abrazaron y las tres lloraron desconsoladamente. Parecía imposible que aquello les pudiera suceder a ellos. No podía ser. Demasiado espantoso para ser verdad. Había quedado atrapada en una pesadilla. No era verdad que Jack hubiera muerto. Aquellas cosas no las vivían las personas reales.

—También ha matado a Amanda —dijo Jean entre lágrimas mientras las tres seguían abrazadas. Se lo había contado el agente que la había llamado—. Los niños están bien, o como mínimo siguen vivos. Vieron lo que hacía su padre. A ellos no les hizo nada.

Phillip Parker había matado a Amanda y a Jack y luego se había suicidado. Todos se habían visto inmersos en una ola de destrucción. Los Parker habían quedado huérfanos. Pero en aquellos momentos Liz solo podía pensar en lo que iba a decir a sus hijos, consciente de que en el momento en que la vieran comprenderían que había ocurrido algo terrible. Llevaba sangre en el pelo, las manchas del camisón habían atravesado la bata limpia del hospital y parecía una superviviente de un accidente. Allí de pie, mirando a las otras dos mujeres sin expresión, tenía el aire de una persona fuera de sí.

—¿Tengo muy mal aspecto? —preguntó Liz a Carole, sonándose la nariz e intentando recuperar la serenidad antes de ver a sus hijos.

—Más o menos como Jackie Kennedy en Dallas —respondió Carole sin rodeos; Liz notó un escalofrío al evocar la imagen.

Miró la bata de algodón gris llena de manchas de sangre.

—¿Me trae un vestido limpio? Esperaré en el garaje... Y también un peine...

Se quedó sollozando en brazos de Jean, intentando comprender todo aquello, dominarse y pensar qué iba a contar a sus hijos. Solo podía decirles la verdad, pero estaba convencida de que les dijera lo que les dijese y de la forma que fuera, aquello iba a afectarles durante toda su vida. Era una carga atroz. Seguía llorando incontroladamente cuando Carole volvió con el peine y un albornoz de color rosa pálido. Se lo puso por encima de la bata del hospital y se peinó el cabello sin ver ni lo que hacía.

—¿Qué aspecto tengo? —les preguntó luego; no quería asustar a los niños antes de hablar con ellos.

—¿Sinceramente? Pues fatal, pero no van a asustarse por el aspecto. ¿Entramos con usted?

Liz asintió, y las dos la siguieron del garaje a la casa, directamente a la cocina. Se oían los niños en el salón, como mínimo a algunos, y pidió a las dos mujeres que la esperaran en la cocina hasta que hubiera hablado con ellos. Tenía la impresión de que debía darles la noticia a solas, aunque no sabía cómo iba a hacerlo.

Cuando entró, Peter y Jamie estaban jugando en el sofá, armando jaleo, bromeando y riendo. El pequeño fue el primero en levantar la cabeza y todo su ser pareció paralizarse al verla.

—¿Dónde está papá? —preguntó, como si supiera algo. A veces Jamie se percataba de cosas que los demás no captaban.

—No está aquí —respondió Liz sin mentirle, haciendo un gran esfuerzo para mantener el control— ¿Y las chicas?

—Arriba —dijo Peter con aire preocupado—. ¿Ocurre algo, mamá?

—¿Puedes ir a buscarlas, por favor, cariño? —Él aún no lo sabía, pero acababa de convertirse en el cabeza de familia.

Sin decir nada, Peter subió la escalera corriendo y un momento después volvió con sus hermanas. Todos tenían una expresión grave, como si presintieran que sus vidas iban a cambiar para siempre, mientras miraban fijamente a su madre en el sofá, aturdida y descompuesta.

—Sentaos —dijo con la máxima suavidad que pudo.

Instintivamente, sus hijos se apiñaron a su alrededor y ella los fue acariciando uno a uno mientras las lágrimas bajaban por sus mejillas a pesar del esfuerzo que hacía por reprimirlas. Retuvo la mano de todos, los miró a los ojos y acercó a Jamie a su lado.

—Tengo que deciros algo terrible... hace poco ha ocurrido una cosa espantosa...

—¿Qué ha ocurrido? —dijo Megan en un tono que traslucía el pánico, y empezó a llorar antes que los demás—. ¿De qué se trata?

—De papá —dijo Liz—. El marido de una cliente le ha disparado.

—¿Dónde está? —preguntó Annie, entre sollozos, como su hermana.

Peter y el resto la miraban incrédulos, como si fueran incapaces de comprender lo sucedido. En realidad, les era imposible. Liz tampoco lo entendía.

—En el hospital. —No pretendía engañarles; era consciente de que, por terrible que fuera, tenía que decírselo, asestarles un golpe que nunca iban a olvidar. Tendrían que vivir con aquel instante por siempre jamás y revivirlo mentalmente millones de veces... a lo largo de su vida...—. Está en el hospital, pero ha muerto hace media hora... Os quería muchísimo a todos... —Los abrazó a todos en conjunto, rodeándolos con sus brazos para acercarlos más a ella mientras los pequeños lloraban angustiados—. Estoy tan triste... —dijo entre sollozos—. Tan triste...

—¡No! —chillaron las niñas al unísono. Peter rompió en llanto y Jamie, con la vista fija en su madre, se deshizo de sus brazos, se levantó y se apartó poco a poco de ella.

—No me lo creo. No es verdad —dijo, y acto seguido se fue corriendo escalera arriba.

Liz lo siguió. Lo encontró en cuclillas en un rincón de su habitación hecho un ovillo, llorando, con los brazos encima

de la cabeza, como si pretendiera protegerse del golpe producido por aquellas palabras y del horror de lo que les había sucedido. Lo levantó con cierta dificultad, se sentaron los dos
en la cama y abrazándolo lo fue meciendo mientras lloraban.

—Tu padre te quería muchísimo, Jamie... Es tan terrible
lo que ha sucedido...

—Quiero que vuelva ahora mismo —respondió el niño
entre sollozos, y Liz siguió acunándolo en sus brazos.

—Yo también. —Nunca había vivido un tormento como
aquel y no sabía cómo consolar a sus hijos. Era imposible
conseguirlo.

—¿Volverá?

—No, tesoro, no volverá. No puede volver. Está muerto.

—¿Para siempre? —Movió la cabeza con un gesto afirmativo, incapaz de pronunciar aquella palabra. Siguió abrazada
a él un momento y luego se apartó suavemente del pequeño y
se levantó, cogiéndole la mano.

—Vámonos abajo con los demás.

Jamie asintió, la siguió escalera abajo y llegaron al salón
donde estaban los otros, que se abrazaban llorando, junto
con Carole y Jean. La estancia había quedado tan inundada
de lágrimas, dolor y angustia que incluso el árbol de Navidad
y los regalos abiertos parecían una ofensa en aquellos momentos. Resultaba imposible que dos horas antes hubieran
abierto los regalos y desayunado juntos y que de repente él
hubiera desaparecido. Para siempre. Resultaba increíble, insoportable. ¿Adónde puede ir la persona que se va? ¿Cómo
puede hacerlo? Liz no tenía ni idea de lo que podía hacer,
pero poco a poco, pasito a pasito, ahora un pie ahora otro,
tendría que hacer lo que se le exigía, y ella lo sabía.

Los llevó a todos a la cocina, y una vez allí empezó a sollozar otra vez al ver que seguía en la mesa la taza donde había tomado Jack el café, así como su servilleta. Carole lo retiró rápidamente, sirvió agua a todos, se sentaron y siguieron llorando
durante un espacio de tiempo que pareció interminable. Por

fin los llevó arriba para que Liz y Jean pudieran hablar de los preparativos. Había que hacer unas llamadas telefónicas, avisar a los padres de él. Vivían en Chicago y tendrían que desplazarse. Tenían que llamar al hermano de Jack, que vivía en Washington; a la madre de Liz, en Connecticut; a su hermano, en New Jersey. Comunicar la noticia también a los amigos, al periódico, contactar con la funeraria. Tenía que decidir qué iba a hacer. Y telefonear también a los colegas, antiguos socios y clientes. Mientras hablaban, Jean iba tomando nota. Liz debía decidir el tipo de ceremonia. ¿Incineración o entierro? Nunca habían hablado de ello, y en aquellos momentos el tema la ponía enferma. Había tantas cosas en que pensar y hacer... Unos detalles tan horripilantes a los que hacer frente... Redactar la necrológica, llamar al pastor, escoger el ataúd, hacer una serie de cosas tan macabras, tan increíbles, tan terroríficas.

Mientras Liz escuchaba a Jean, una oleada de pánico se apoderó de ella. De repente miró fijamente a la mujer que había trabajado con ellos durante seis años con un terrible deseo de ponerse a chillar. Aquello no podía sucederles a ellos. ¿Dónde estaba Jack? ¿Cómo iba a vivir sin él? ¿Qué sería de ella y de sus hijos?

Por fin bajó la cabeza y rompió en llanto al darse cuenta de nuevo de lo que se le había echado encima, que era como un tren exprés. Un loco había matado a su marido. Jack estaba muerto. Ella y los niños se habían quedado solos.

3

Durante el resto del día, Liz tuvo la sensación de estar moviéndose bajo el agua. Se hicieron llamadas telefónicas. Muchos entraron y salieron de la casa. Llegaron flores. El dolor que sentía era tan enorme que podía considerarse físico, y el pánico la inundaba con tal fuerza que estaba convencida de que iba a ahogarse en él. La única realidad a la que remitía su constante desasosiego eran sus hijos. ¿Qué sería de ellos? ¿Cómo podría superarlo cada uno? La desesperación de sus rostros era un reflejo de la suya. Era imposible que aquello les sucediera a ellos, sin embargo así era, y Liz no podía hacer nada por aliviarlo o para que no lo vivieran de una forma tan trágica. Se sentía total y absolutamente impotente. La empujaba una fuerza vital tan poderosa que carecía de límites, se sentía arrastrada hacia un muro, sin poder hacer nada por detener el impulso. Sin embargo, todos ellos se habían dado ya contra el muro cuando Phillip Parker disparó contra su marido.

Los vecinos acudieron con comida y Jean llamó a todas las personas que le vinieron a la cabeza, entre ellas a Victoria Waterman, una íntima amiga de Liz que vivía en San Francisco. Era también abogada, aunque había dejado la práctica cinco años antes para quedarse en casa y cuidar de sus tres hijos. Después de muchos años de intentarlo, había tenido trillizos gracias a la fecundación in vitro y decidió quedarse en casa para disfrutar de ellos. Victoria fue el único rostro en el que

Liz pudo concentrarse y asociar al recuerdo. Los demás le parecían algo vago; al cabo de una hora, era incapaz de recordar quién había estado ahí antes y con quién había hablado. Victoria llegó discretamente con una pequeña bolsa de viaje para pasar la noche allí. Su marido se haría cargo de los niños y ella podía decidir cuándo volver. En cuanto Liz la vio en la puerta de su dormitorio, empezó a llorar; Victoria estuvo más de una hora a su lado dejando que se explayase, llorando y abrazándola.

No se le ocurría qué podía decirle, no encontraba palabras que pudieran servir de algo, por tanto, no hizo ningún intento. Se limitó a permanecer allí, llorando en sus brazos. Luego Liz hizo un esfuerzo por explicarle lo sucedido, como mínimo para poder aclararse ella misma, pero comprobó que no tenía sentido, sobre todo para ella, todo lo que había pasado aquella mañana. Cuando llegó Victoria, Liz llevaba aún el camisón manchado y la bata del hospital, y al cabo de un rato, su amiga la ayudó a quitárselo para que se diera una ducha. No obstante, nada surtía efecto, daba lo mismo que intentara comer, beber, llorar o hablar. El resultado era siempre el mismo, por más vueltas que le diera a la cabeza, por más que volviera sobre los hechos de aquella mañana. Tenía la impresión de que expresándolo con palabras notaría algún cambio, pero se equivocaba.

Lo único que le apetecía hacer a Liz era entrar y salir del dormitorio para ir a ver qué hacían los niños. Carole estaba con Jamie y las niñas, Peter se había ido un rato a casa de Jessica, y Jean hacía una llamada tras otra. Victoria intentó que Liz se tumbara un poco pero no lo consiguió, y por la tarde, Jean le dijo con firmeza que tenía que plantearse los «preparativos», palabra que ella odiaba y no quería volver a oír. Implicaba el horror de lo sucedido. Preparativos. Aquello significaba buscar funeraria, escoger ataúd, decidir cómo vestir el cadáver, y la estancia en la que la gente iría a «verle», como si fuera un objeto o una pintura, y ya no una persona.

Liz había decidido que prefería un ataúd cerrado; no le apetecía que le recordaran de aquella forma, sino al contrario, como la persona que había sido, risueña, habladora, a la que le gustaba jugar con sus hijos y pasearse ufano por los juzgados. No quería ver en qué se había convertido el cuerpo inerte, destruido por una bala disparada por Phillip Parker. Sabía que en otro lugar, la familia de Amanda Parker tendría que hacer frente al mismo horror que ellos, que sus hijos estarían destrozados. Eran aún muy pequeños y alguien le había dicho que la hermana de Amanda se haría cargo de los niños. Por el momento, no obstante, Liz no podía pensar más que en los suyos. Había pedido a Jean que enviara flores para Amanda al tanatorio y tenía la intención de ponerse en contacto con la madre de la difunta al cabo de unos días. Aquel día estaba demasiado deshecha para hacer otra cosa que no fuera llorar por ellos desde la distancia.

Aquella noche llegaron el hermano de Jack, de Washington, y sus padres, de Chicago. Al día siguiente, fueron todos con Liz al tanatorio a cumplir con sus obligaciones. Jean les acompañó y también Victoria, quien sujetó la mano de Liz mientras elegían el ataúd. Optaron por uno sobrio, elegante, de caoba, con anillas doradas y forro de terciopelo blanco. El personal de la funeraria lo presentaba como la elección de un coche, especificando las distintas alternativas y características, lo que a Liz le resultó de pronto tan espantoso que la hizo prorrumpir en un llanto histérico. Pero el ataque le duró poco, y un momento después, sollozaba incontrolablemente. Era como si no tuviera ningún tipo de contención, como si no pudiera frenar o cambiar la constante oleada de emociones que iba apoderándose de ella. El destino la había situado en la cresta de una ola y no tenía forma de descender a tierra firme. Se preguntaba si algún día volvería a sentirse tranquila o normal, si recuperaría la cordura, si conseguiría reír o sonreír, leer una revista o hacer las cosas normales que hace todo el mundo. Cada vez que pasaba por delante del árbol de Navidad lo veía como una acusación, como un funesto recuerdo, el fantasma de la Navidad perdida.

Aquella noche se habían reunido doce personas en la mesa de la cocina: Victoria, Carole, Jean, James, el hermano de Jack, del cual había recibido Jamie su nombre, sus padres, su propio hermano, John, con el que nunca había intimado mucho, Jessica, la novia de Peter, un amigo de la infancia de Jack, de Los Ángeles, y los niños. Entraban y salían de la casa otras personas, sonaba el timbre, llegaban flores y comida. De repente parecía que todo el mundo estaba al corriente de la noticia, y Jean se las ingenió por mantener la prensa a raya. El suceso constituía el titular del periódico de la tarde, los niños lo habían visto en las noticias de la tele, pero en cuanto Liz se dio cuenta, les hizo apagar el aparato.

Cuando los niños subieron a sus habitaciones después de cenar y el resto comentaba los preparativos del funeral, sonó el timbre y Carole acudió a la puerta. Era Helen, la madre de Liz, que venía de Connecticut. En cuanto vio a su hija, se deshizo en llanto.

—¡Madre mía, Liz... qué aspecto tan horrible!

—Ya lo sé, mamá, lo siento... Es que...

No sabía qué decir; su relación nunca había sido excesivamente cariñosa ni cómoda para Liz, siempre le había resultado más fácil el contacto a distancia. Jack hacía el papel de amortiguador para ella cuando su madre no estaba de acuerdo con algo de lo que hacían. Liz jamás le había perdonado la falta de apoyo y comprensión con su nieto más pequeño. La madre siempre había opinado que en definitiva había sido una estupidez tener un quinto hijo. Según Helen, cuatro ya eran demasiados, y cinco, algo «ridículo y excesivo».

Carole iba a servirle la cena, pero Helen dijo que había comido en el avión, se sentó en la mesa con los demás y dejó que Jean le sirviera un café.

—Dios mío, Liz, ¿y ahora qué vas a hacer? —Se lanzó directa al centro de la cuestión sin haber tomado ni el primer sorbo de café. Los demás habían pasado el día de puntillas, avanzado milímetro a milímetro, de minuto en minuto, intentando que las previsiones no llegaran más allá de la próxima hora ni expresar la mínima pregunta inquietante. En cambio, la madre de Liz jamás había tenido pelos en la lengua ni había andado con cuidado para no meterse donde no la llamaban—. Seguro que tendrás que dejar la casa. No podrás mantenerla tú sola... y también tendrás que cerrar el bufete. Sin él, no podrás seguir.

Aquello era exactamente lo que pensaba y temía Liz. Como siempre, su madre había encontrado el nudo del terror, se lo había plantado ante las narices y se lo había hecho tragar hasta el punto de que aquel pensamiento apenas la dejaba respirar. Aquello le recordaba lo que le había dicho hacía nueve años: «Supongo que no pretenderás criar a ese niño en casa... Dios mío, Liz, un niño así en el hogar va a destrozar a los otros». Su madre estaba siempre a dispuesta a expresar con palabras los mayores terrores de todo el mundo. «La Gaceta de la fatalidad», solía llamarla Jack, aunque siempre lo decía riendo. «No te preocupes —le recordaba siempre su marido—, que ella no puede obligarte a hacer lo que tú no quieres.» Pero ¿dónde estaba él ahora? ¿Y si la madre tenía razón? ¿Y si tenía que dejar la casa y cerrar el bufete? ¿Cómo podía vivir sin él?

—Todo lo que tenemos que plantearnos de momento es llegar al lunes —le interrumpió con decisión Victoria. Habían acordado hacer la visita al tanatorio durante el fin de semana y celebrar el funeral el lunes en Saint Hilary—. El resto ya se irá solucionando.

El funeral del lunes era el objetivo: el punto en el que tenía que centrarse Liz. Después, ya la ayudarían en el resto, de la misma forma que ahora estaban a su lado, y todos los de la mesa sabían que no era el momento de preocuparse por la cuestión global. La situación era ya muy deprimente, e incluso allí sentada, Liz no hacía más que recordar la Navidad.

Aquello había sido una pesadilla con la que vivirían para siempre. Los niños nunca más adornarían un árbol, oirían un villancico o abrirían un regalo sin recordar lo que le sucedió a su padre aquella mañana de Navidad y lo que había sido de su vida tras el suceso. Liz miró con expresión derrotada a todas aquellas personas que habían acudido a acompañarla.

—Oye, ¿por qué no subes un rato a descansar? —le sugirió Victoria en voz baja. Era una mujer bajita y delgada, de pelo oscuro, ojos castaños y una voz contundente que advertía que no había que discutir con ella, pero aquella era precisamente la fuerza que necesitaba Liz entonces. Cuando aún ejercía como abogada, Liz solía decirle en broma que era el terror de los tribunales. Se había especializado en casos de agresiones, y había conseguido extraordinarias sumas de dinero para sus clientes. Pero al recordar aquello, Liz volvió a pensar en Jack, en Amanda y en todo lo sucedido. Lloraba de nuevo al subir lentamente la escalera hacia la habitación seguida por Victoria.

Liz le comentó que Peter tendría que dormir en la habitación de Jamie y su madre en la de Peter. James, su cuñado, podía dormir en el sofá del estudio de Jack, al lado de su habitación, y su propio hermano, en el salón. La casa estaba atestada. Jean tendría que dormir en la otra cama de la habitación de Carole y Liz ya había preguntado a Victoria si no le importaba pasar la noche en su cama de matrimonio. Entre todos formaban un ejército solidario, dispuesto a combatir en la guerra contra el dolor con ella. Mirara por donde mirara, Liz se sentía acompañada. Al pasar por una de las habitaciones de las niñas vio a Peter y a Jessica charlando y a Jamie sentado en el regazo de Megan. Se les veía tranquilos y, afortunadamente, no lloraban. Así pues, dejó que Victoria la acompañara hasta su habitación. Se tumbó en la cama con la sensación de que la habían golpeado con un mazo y fijó la vista en el techo.

—¿Y si mi madre tiene razón, Vic? ¿Y si tengo que vender la casa y dejar la profesión?

—¿Y si China nos declara la guerra y bombardea la casa el día del funeral? ¿Qué prefieres, recogerlo todo ahora mismo o esperar a después? Si lo haces ahora, se te va a arrugar todo, mientras que si esperas, todo puede quedar bastante revuelto con el bombardeo... ¿Qué decides, Liz, ahora o más tarde? —Estaba sonriendo y Liz rió por primera vez desde la mañana—. Creo que tu madre te está creando unos problemas por los que no tienes que preocuparte, ahora por descontado, y probablemente nunca. ¿Qué es lo que te está diciendo, que eres una pésima letrada y que eres incapaz de trabajar sin él? ¡Por favor! Si Jack siempre decía que como abogado eras mejor que él. —Victoria estaba de acuerdo con Jack. Liz conocía la ley a la perfección, y lo que le faltaba en altanería y mano izquierda lo compensaba con técnica y precisión.

—Lo decía por simpatía —comentó Liz de nuevo con lágrimas en los ojos... ¡Qué difícil se le hacía pensar que ya no estaba ahí! ¿Dónde estaba? Quería que volviera. Aquella mañana habían estado en la cama en la que estaba ella ahora tumbada y la noche anterior habían hecho el amor allí. Las lágrimas bajaban por sus mejillas al recordarlo. Nunca volvería a hacer el amor, nunca volvería a estar con él, nunca podría querer a otro. Tenía la sensación de que su vida se había acabado, igual que la de él.

—Conoces la jurisprudencia mejor que cualquier otro abogado. —Victoria intentaba llevar la cabeza de Liz hacia el presente inmediato. Adivinaba el horror que ella tenía en la mente, lo expresara o no—. Jack se imponía en la sala, como yo, los dos somos amenazadores. —Costaba no hablar de él en presente, como si estuviera aún entre ellos.

—Sí, y ya ves adónde lo ha llevado. Ayer mismo le dije que Phillip Parker mataría a su esposa si nos metíamos con sus negocios y bienes. Lo que no sabía es que iba a matar también a Jack. —Se deshizo en lágrimas al decirlo y Victoria se sentó en la cama para abrazarla hasta que el arranque cedió, momento en el que se presentó la madre de Liz en la puerta.

—¿Cómo sigue? —dijo Helen dirigiéndose a Victoria, como si su hija estuviera inconsciente y no pudiera oírles; en realidad un poco inconsciente estaba, pues tenía la impresión de estar viviendo una experiencia extracorporal y de observar lo que estaba sucediendo desde algún punto del techo.

—Estoy bien, mamá.

Era una solemne tontería pero ¿qué podía decirle? Era como si tuviera que demostrar a su madre que era capaz de seguir adelante. De lo contrario, tal vez le daría la razón en que podía perder la casa y el trabajo.

—Pues a mí no me lo parece —respondió la madre con un aire sombrío—. Mañana tienes que lavarte el pelo y maquillarte un poco.

«Mañana preferiría morirme, así no tendría que pasar por todo esto», habría querido responderle Liz, pero se calló. No tenía ningún sentido pelearse con ella cuando todo ya era bastante complicado. Los problemas se habían multiplicado y solo le faltaba añadir al paquete las rencillas familiares. Jack tampoco estaba muy unido a su hermano, pero como mínimo este había aparecido, y resultaba positivo para los niños verle, así como a los padres de Jack y a su madre y hermano.

Liz y Victoria estuvieron hasta tarde en la cama charlando sobre Jack y lo sucedido. Era una pesadilla que nadie iba a olvidar jamás y probablemente tampoco a superar. Aquel día Liz había hablado por teléfono con una serie de personas que le habían comentado que uno nunca puede recuperarse de una muerte traumática como aquella, mientras que otros afirmaban que lo mejor que podía hacer era salir en cuanto pudiera, y tal vez, quién sabe, podía estar otra vez casada al cabo de seis meses, todo era cuestión de suerte. ¿Suerte? ¿Cómo podían decir algo así? ¡Qué valor tenían para aconsejarle lo que le convenía! «Vende la casa, trasládate, instálate en la ciudad, busca un nuevo socio, déjalo todo, di esto o lo otro a los niños, no les digas lo de más allá, cómprate un perro, incinera el cadáver, tira las cenizas por el puente, no dejes que tus hijos asistan al funeral, sobre todo que vean a su padre antes de que cierren el ataúd, que no lo vean por nada del mundo para que no tengan que recordarlo de esta forma...» Todo el mundo tenía consejos para ella y opiniones de todo tipo. Estaba agotada de oír todo aquello. Pero en definitiva, la cosa se resumía en que Jack ya no estaba allí y ella se había quedado sola.

No se durmió hasta las cinco de la madrugada y durante toda la noche Victoria permaneció despierta escuchándola. A las seis, apareció Jamie y se metió en la cama con ellas.

—¿Dónde está papá? —preguntó mientras se pegaba a su cuerpo, y Liz notó que este se estremecía ante aquella pregunta. ¿Era posible que lo hubiera olvidado? Tal vez la realidad era tan traumática para él que la había relegado al subconsciente.

—Está muerto, cariño. Un hombre malo le ha disparado.

—Ya lo sé —respondió el niño con sensatez, levantando la vista hacia ella en la cama, donde había dormido su padre el día anterior—. Me refiero a dónde está ahora. —Jamie miraba a su madre como reprochándole que hubiera podido pensar que él había olvidado aquello, y Liz le sonrió con tristeza.

—Está en el tanatorio, donde vamos a ir hoy. Pero en realidad está en el cielo con Dios.

Como mínimo esperaba que aquello fuera cierto y que las cosas sucedieran tal como había creído durante toda su vida. Deseaba que su marido se sintiera feliz y en paz, como le habían enseñado a ella. Pero en lo más profundo de su corazón no estaba del todo segura. Tenía demasiadas ganas de recuperarlo para creérselo.

—¿Cómo puede estar en dos sitios?

—Su espíritu, todo lo que conocemos y amamos de él, está en el cielo con Dios, y también aquí con nosotros, en nuestros corazones. El cuerpo de papá está en el tanatorio, algo así como si estuviera durmiendo.

Al pronunciar aquellas palabras, las lágrimas resbalaron por sus mejillas y Jamie movió la cabeza, satisfecho con la respuesta.

—¿Cuándo volveré a verle?

—Cuando vayamos al cielo a quedarnos con él. Pero esto no te ocurrirá hasta que seas muy viejo.

—¿Por qué le disparó aquel hombre malo?

—Porque estaba muy enojado y había enloquecido. También mató a otra persona. Y luego se suicidó, de forma que no podrá venir aquí a hacernos daño.

Liz se preguntaba si el muchacho tenía aquello en la cabeza y quiso tranquilizarle, aunque no hubiera expresado aquel temor.

—¿Papá le había hecho algo malo?

Jamie había formulado la pregunta clave.

—Papá hizo algo que lo enojó mucho, porque aquel hombre se había portado muy mal con su esposa. Papá pidió al juez que le quitara un dinero.

—¿Disparó contra papá para que le devolvieran el dinero?

—Más o menos.

—¿También disparó contra el juez?

—No.

Jamie movió de nuevo la cabeza, meditando sobre lo que le había dicho su madre, se tumbó a su lado, la abrazó y Victoria aprovechó para levantarse e ir a tomar una ducha. A todos les esperaba un día muy largo y ella quería estar lista para ayudar a Liz en todo lo que pudiera. El día sería realmente espantoso para su amiga y los niños.

En definitiva, resultó ser peor de lo que habían imaginado Victoria y Liz. Toda la familia fue al tanatorio y estalló en llanto al ver el ataúd. Estaba rodeado de flores y por encima habían esparcido unas cuantas rosas blancas, tal como había pedido Liz, y aquel perfume impregnaba la atmósfera de la sala. Durante un rato, no se oyeron más que sollozos, hasta que por fin Victoria y James se llevaron a los niños fuera, así como a la madre de Liz, y esta pudo quedarse sola junto al ataúd de caoba que ella misma había elegido, en el que descansaba el hombre al que había amado durante casi veinte años.

—¿Cómo ha podido suceder algo así? —murmuró al arrodillarse junto a él—. ¿Qué voy a hacer sin ti?

Las lágrimas bajaban por sus mejillas, tenía las rodillas apoyadas en la gastada moqueta y una mano en la suave madera. Todo aquello era tan inconcebible, tan insoportable, excedía tanto de lo que hubiera podido imaginar que era incapaz de aguantar, y sin embargo, no le quedaba más remedio que hacerlo. No tenía otra alternativa. El destino le había reservado esa cruel jugada y ella tenía que asumirla aunque solo fuera por sus hijos.

Al cabo de poco, Victoria fue a recogerla y juntas salieron a buscar algo para comer, pero Liz fue incapaz de probar bocado. Los niños ya estaban charlando; Peter bromeaba con las niñas para animarlas un poco, al tiempo que no perdía de vista a su madre y se colocaba al lado de Jamie diciéndole que comiera la hamburguesa. Parecía que de la noche a la mañana todo el mundo se hubiera hecho mayor. Era como si Peter no pudiera permitirse ya el lujo de seguir siendo un adolescente y hubiera madurado. Las niñas también se comportaban ya más como adultas y Jamie menos como el pequeñín de la casa. Cada uno hacía lo que podía por mostrarse fuerte y apoyar a su madre y a los demás.

Carole llevó a los niños a casa después de la comida y el resto volvió al tanatorio con Liz. Durante toda la tarde fueron pasando amigos y conocidos a rendir homenaje a Jack, a llorar, a consolar a Liz y también a charlar entre ellos en el exterior de la funeraria. Se habría dicho que era como una interminable fiesta de llanto, sin comida ni bebida, con Jack en un ataúd en el extremo de la estancia. Liz tuvo todo el tiempo la sensación de que de un momento a otro Jack saldría de la caja para decirles que todo había sido una horrible broma, algo que en realidad no había sucedido. Pero sí había sucedido y al parecer sus consecuencias serían para siempre.

Transcurrió otro día en el tanatorio y Liz lo pasó entre el aturdimiento y la histeria, aunque aparentemente se la veía tranquila, tanto que algunos se preguntaban si no le habían administrado algún sedante. Pero no había tomado nada, funcionaba con el piloto automático y hacía lo que debía.

El lunes amaneció con un sol radiante y, antes de ir al funeral, volvió al tanatorio para estar un rato a solas con él. Había decidido no verle y aquella decisión la angustiaba. Le parecía que tenía la obligación de hacerlo, aunque por otra parte sabía que sería incapaz. Quería recordarle como le había visto en vida, en la ambulancia, en su despacho momentos antes de morir, y aquello ya era bastante doloroso para tener que añadir otra tortura. Sobre todo tenía miedo de que si decidía verlo no podría soportar la sensación y perdería completamente el control. Salió de la funeraria tranquilamente, condujo sola hasta casa y allí encontró a sus hijos esperándola en el salón junto con sus tíos y abuelos. Su madre llevaba un traje negro y las niñas unos vestidos azul marino que les había comprado la abuela. Peter se había puesto su primer traje azul marino, el que Jack le había comprado hacía un mes, y Jamie iba con chaqueta y pantalón de franela gris. Liz se había puesto un vestido negro que a Jack le gustaba mucho y un abrigo negro que le había dejado Jean el sábado. Todos tenían un aire triste y solemne, y mientras se instalaban en el banco de la iglesia de St. Hillary, Liz oyó sollozos y a gente sorbiéndose la nariz.

La ceremonia fue breve pero emotiva, la iglesia estaba llena, se veían flores por todas partes, pero finalmente en la cabeza de Liz todo se desarrolló en una especie de neblina. Jean y Carole habían organizado la comida en casa y por allí pasaron más de cien personas a saludar, a tomar algo y a darles el pésame. Liz no podía quitarse de la cabeza que había dejado a Jack solo en el cementerio. Había colocado una rosa roja sobre el ataúd, había besado la fría madera tomando de la mano a Jamie y con Peter rodeándola por el hombro. Fue un instante de un dolor tan atroz que pensó que jamás iba a olvidarlo.

Durante todo el día se comportó como un autómata. Dos horas después de la ceremonia todos fueron desfilando, su cuñado tomó un avión hacia Washington, su hermano, hacia Nueva York y los padres de Jack hacia Chicago. Victoria volvió a su casa, pero prometió pasar al día siguiente con los niños. Jean también regresó a su casa aquella noche, y la madre de Liz tenía planeado marcharse a la mañana siguiente. A partir de entonces, ella se quedaría sola con sus hijos y tendría que vivir el resto de sus días sin Jack.

Cuando los niños subieron a acostarse aquella noche, Liz y su madre se quedaron un momento en el salón. El árbol de Navidad seguía allí, algo mustio tal vez por el ambiente general. Con lágrimas en los ojos, la madre de Liz cogió la mano de su hija.

—Me entristece que te haya ocurrido esto. —Ella había perdido a su marido, el padre de Liz, diez años antes, pero a los setenta y un años y después de una larga enfermedad. Había tenido tiempo de prepararse para aquella muerte, ocurrida en un momento en que sus hijos ya estaban fuera de casa viviendo su propia vida. Naturalmente había sido algo doloroso también para ella, aunque no podía compararse con lo que estaba viviendo Liz—. Me entristece tanto —murmuró mientras se empañaban sus ojos y también los de Liz. No había más que decir. Permanecieron sentadas, abrazadas un rato, y por primera vez desde el nacimiento de Jamie, Liz se acordó de que la quería y le perdonó todas aquellas cosas horribles que había dicho entonces. De alguna forma, la terrible pérdida las había vuelto a unir y como mínimo Liz se sentía satisfecha por ello.

—Gracias, mamá. ¿Te apetece un té? —le preguntó por fin, y las dos se fueron a la cocina.

Mientras tomaban el té en la mesa de la cocina, Helen le preguntó de nuevo si pensaba vender la casa y Liz le respondió con una sonrisa. En aquel momento la pregunta no le molestó tanto. Veía que era la forma que tenía su madre de decirle que estaba preocupada por ella y quería saber si conseguiría superarlo. Comprendía que lo que quería la madre era que ella la tranquilizara.

—No sé lo que voy a hacer, pero todo saldrá bien. —A lo largo de los años habían ahorrado dinero y Jack tenía un importante seguro de vida. Por otra parte, podía continuar ganándose la vida en el bufete. De momento, el problema radicaba más en aprender a vivir sin él que en la cuestión monetaria—. No quiero que los niños tengan que vivir cambios importantes.

—¿Crees que volverás a casarte?

Una pregunta estúpida, pero Liz sonrió pensando en lo que había comentado Victoria: «Si China nos declara la guerra...».

—No creo. No puedo ni imaginármelo, mamá. —Se le volvieron a nublar los ojos—. No sé cómo voy a vivir sin él.

—Tendrás que hacerlo, por los niños. Ellos te necesitarán más que nunca. Tal vez tengas que dejar por una temporada el trabajo, cerrar el bufete...

Pero Liz no podía permitírselo. En aquellos momentos ella era la única responsable de todos sus casos, a excepción del de Amanda Parker. Al pensar en ella sintió un escalofrío y le vinieron a la cabeza los hijos de aquella mujer y lo que habrían sufrido aquel día. Habían perdido a su madre y a su padre. Liz había llamado a la casa aquella tarde para dar el pésame a la hermana de Amanda y las dos habían llorado. La familia Parker había mandado flores a su casa.

—No puedo cerrar el bufete, mamá. Soy responsable ante nuestros clientes.

—Es una carga excesiva para ti, Liz —dijo su madre llorando. Al fin y al cabo, la mujer tenía su corazón; lo que ocurría es que a menudo el contacto entre este y los labios tenía sus interferencias, pero Liz de pronto comprendió un poco más a su madre. Su intención era buena, pero solía mostrarse torpe a la hora de expresarse.

—Me las arreglaré.

—¿Quieres que me quede?

Liz movió la cabeza con gesto negativo. Si se quedaba,

tendría que ocuparse de su madre, y ella necesitaba toda la energía para sus hijos.

—Si te necesito, te llamaré, te lo prometo.

Las dos mujeres entrelazaron sus manos sobre la mesa de la cocina y poco después subieron a acostarse. Más tarde, llamó Victoria para preguntar cómo se encontraba, Liz dijo que bien, algo que ni una ni otra creía. Liz siguió tumbada en la cama, completamente despierta, llorando hasta las seis de la mañana.

Su madre se marchó, tal como estaba previsto, y ella y los niños se quedaron solos deambulando sin objetivo por la casa. Aquella tarde, Carole se los llevó a todos a la bolera, e incluso Peter hizo una excepción y se juntó al grupo sin la novia. Liz se quedó en casa revisando papeles de Jack y comprobó que todo estaba en perfecto orden: encontró su testamento, la póliza del seguro, todo en su sitio en el escritorio. No tuvo que hacer frente a ningún desorden, ninguna sorpresa, nada que pudiera inquietarla, aparte de la angustia de constatar de nuevo que él ya no estaba allí y ella permanecería sola el resto de su vida. Ante aquel pensamiento, la ola de pánico a la que ya se había familiarizado la inundó totalmente. Le echaba de menos mucho más de lo que creía humanamente posible. Se pasó la tarde llorando y cuando volvieron los niños, estaba completamente agotada.

Aquella noche Carole les preparó la cena: hamburguesas y patatas fritas. Habían tirado el pavo, sin haberlo tocado, la noche de Navidad. Nadie quiso ni verlo, por no hablar de comerlo. A las nueve, los niños estaban en sus habitaciones, las chicas pusieron un vídeo, y más tarde, Jamie se despertó y se metió en la cama de su madre. Le resultó reconfortante tener allí a su lado aquel cuerpecito cálido y agradable. Ante Liz se extendía ahora un largo camino vacío en el que no veía más que responsabilidades y cargas, obligaciones que tendría que solucionar sola.

Pasó poco a poco la semana siguiente con los niños en casa, pues seguían las vacaciones de Navidad. El domingo fueron todos a la iglesia. Hacía diez días que había muerto Jack. Diez días. Apenas un puñado de horas y minutos. Aquello continuaba pareciendo una pesadilla. El lunes por la mañana, se levantó para preparar el desayuno de todo el mundo. Peter se marchó solo en coche al instituto. Liz llevó a las niñas al colegio y seguidamente a Jamie a su escuela especializada, aunque este reflexionó mucho rato antes de salir del coche. Finalmente, se volvió para mirar a su madre mientras agarraba la cajita del almuerzo, la nueva, la que le había regalado Rachel por Navidad, con imágenes de *La Guerra de las galaxias*.

—¿Tengo que decir a los de la escuela que papá ha muerto? —preguntó con aire triste.

—Tus profesores ya lo saben. He llamado para contárselo y, de todas formas, creo que todo el mundo lo ha leído en el periódico, cariño. Si no te apetece, les dices que no quieres hablar de ello.

—¿Saben que le disparó un hombre malo?

—Creo que sí. —Liz había dicho a la secretaria que si el niño no se sentía bien y quería volver a casa, podían llamar a Carole o a ella misma, al despacho. Pero, al igual que sus otros hijos, Jamie parecía llevar las cosas mejor de lo que hubiera sido de esperar—. Si quieres hablar conmigo en el despacho, díselo a tu profesora, ella te dejará hacerlo.

—¿Y puedo volver a casa si quiero? —Parecía preocupado.

—Por supuesto. Pero quizá te sentirás algo solo allí. Creo que estarás mejor en la escuela, con tus amigos. Prueba a ver cómo te va.

El niño asintió, abrió la puerta del coche, dudó un momento y se volvió otra vez.

—¿Y si alguien te dispara en el despacho, mamá? —Se lo preguntaba llorando y la propia Liz tuvo que sorber sus lágrimas para responder:

—Eso no va a ocurrir, te lo prometo. —Alargó el brazo y le acarició suavemente al decirlo. Pero ¿cómo podía prometérselo? ¿Cómo podía afirmar que todos ellos continuarían seguros? ¿Qué sabía ella? Si a Jack le había ocurrido algo tan terrible, cualquiera de ellos podía vivir algo aún peor, incluso Jamie. Nadie les garantizaba una vida larga y tranquila—. No me pasará nada. Y a ti tampoco. Nos veremos esta noche, cielo.

Jamie asintió en silencio, salió del coche y, sin demasiado entusiasmo, entró en la escuela mientras su madre lo observaba con el corazón en un puño. No podía evitar preguntarse si iban a sentirse así eternamente o cuando menos durante un largo período de tiempo. Costaba imaginarse viviendo otra vez con tranquilidad, con risas, con ruidos, con griterío, con expresiones de alegría. Aquella carga parecía que tendrían que transportarla para siempre, como mínimo ella. Los demás tal vez conseguirían superarlo o al menos adaptarse. De todas formas no volverían a tener otro padre y ella ya no tendría a Jack. La pérdida era irreparable y, aunque sus corazones se repusieran algún día, el vacío seguiría siempre ahí. Conducía tan cegada por las lágrimas, tan preocupada por todos, que se saltó dos semáforos en rojo y un policía la obligó a parar junto a la acera.

—¿No ha visto el semáforo? —le espetó en cuanto bajó el cristal. Ella se disculpó entre sollozos. La miró un buen rato después de pedirle el permiso de conducir. Se alejaba ya del vehículo y de pronto se volvió: había reconocido el nombre que había leído en los periódicos. La miró con conmiseración al devolverle el documento—. No tendría que conducir. ¿Adónde va?

—Al trabajo. —El hombre hizo un gesto de asentimiento y luego la miró a los ojos.

—Siento mucho lo de su marido. Yo la acompañaré. ¿Cuál es la dirección? —Ella se la dio, el agente subió a su coche, conectó las luces giratorias, se situó ante el vehículo de ella y la acompañó hasta el despacho. Liz llegó llorando. Casi era peor cuando la gente se mostraba amable. De todas formas, el policía se había mostrado muy considerado con ella.

Mientras aparcaba, el hombre salió del coche patrulla y fue a despedirse estrechándole la mano—. Procure estar unos días sin conducir, o como mínimo hágalo solo si es imprescindible. Podría tener un accidente, hacer daño a alguien o hacerse daño usted. Deje pasar un tiempo.

Le dio unos golpecitos en el brazo y ella, aún llorando, le agradeció el gesto y entró en su despacho con la cartera de Jack en la mano.

No había ido al despacho desde la muerte de Jack y le daba miedo ver aquello, aunque sabía que Jean había estado muy atareada allí la semana anterior. Como siempre, había hecho milagros. Habían cambiado la moqueta manchada de sangre y pintado la pared contra la que Phillip Parker se había suicidado. No quedaba la más mínima señal de la matanza que había tenido lugar allí. Jean sonrió al verla entrar y le ofreció un café.

—¿Era una gorra de policía lo que he visto fuera hace un momento?

Jean parecía preocupada mirando cómo Liz se sonaba la nariz y le devolvía la sonrisa. Quería agradecerle todo lo que había hecho por poner de nuevo las cosas en funcionamiento pero se vio incapaz de expresarlo. Jean comprendió lo que tenía Liz en la cabeza y le ofreció una taza de humeante café.

—Me he saltado dos semáforos en rojo viniendo hacia aquí. El agente ha sido muy amable y me ha acompañado hasta la puerta. Me ha dicho que procure no conducir.

—No es mala idea —respondió Jean, intranquila.

—¿Y qué crees que debería hacer? ¿Alquilar una limusina? Tengo que desplazarme hasta aquí.

—Toma un taxi —dijo Jean con tino.

—¡Qué tontería!

—No tanto como matarte o matar a otro. Eso sí sería tonto.

—Estoy perfectamente —le aseguró Liz, aunque no lo creía ni ella.

Jean había anulado todas las comparecencias programadas, excepto dos que no podían posponerse, pero estas tenían que celebrarse a finales de semana. Liz necesitaba tiempo para ponerse al día de todos los expedientes y decidir qué iba a hacer con cada cliente. Aquella tarde dictó una carta a Jean en la que explicaba a todos las circunstancias de la muerte de Jack, a pesar de que sabía que, en general, la clientela estaba al corriente de los hechos. Habían ocupado un lugar importante en las noticias del fin de semana de Navidad. Pero ella pensaba que algún cliente podía encontrarse fuera o no seguir las informaciones por una u otra razón. Por otra parte, les explicaba que a partir de entonces iba a trabajar en solitario y que comprendería que alguien decidiera contratar los servicios de otro bufete. A los que siguieran con ella les aseguraba que haría todo lo posible para que quedaran satisfechos con sus servicios. Agradecía asimismo las expresiones de condolencia a quienes le habían escrito o mandado flores. La carta era directa y sincera, y tanto ella como Jean imaginaban que la mayor parte de clientes seguiría depositando su confianza en el bufete. Sin embargo, el propio voto de confianza constituiría una dura carga para ella. A pesar de lo que había dicho a su madre la semana anterior, empezaba a preguntarse si sería capaz de enfrentarse a todo. Sería un infierno abordarlo en solitario. De la noche a la mañana se le había duplicado el trabajo. Aparte de tener que ocuparse de los casos que llevaba Jack, había perdido el apoyo moral, la chispa y la energía que él le transmitía.

—¿Crees que lo conseguiré? —preguntó a Jean a última hora de la tarde, deprimida y ansiosa. Todo parecía exigirle diez veces más esfuerzo que antes y se encontraba agotada.

—¡Claro que sí!

Jean sabía que Liz era tan buena profesional como su marido. Si bien él había interpretado el papel del bravucón, del valiente y el provocador del equipo cuando hacía falta, los dos habían llevado a cabo un hábil trabajo.

Pero en aquel momento, sin él, Liz tenía la impresión de representar menos de la mitad del equipo. Era como si Jack se hubiera llevado una parte de su confianza y valor, y así se lo contó a Jean.

—Todo saldrá bien —insistió ella—. Y yo haré todo lo que esté en mi mano para ayudarte.

—Lo sé, Jean. Lo has hecho ya. —Echó un vistazo a la moqueta nueva y enseguida volvió la vista a su secretaria con los ojos nublados al recordar el aspecto que tenía aquello el día de Navidad por la mañana—. Y te lo agradezco mucho —murmuró al ir a sentarse al despacho de su marido.

Seguía aún con los expedientes pero hizo un esfuerzo para dejarlo todo y marcharse a las cinco y media. No quería llegar tarde a casa, por los niños, pese a que sabía que ni quedándose todas las noches hasta las doce durante un mes iba a terminar lo imprescindible. Así pues, se llevó la cartera a casa, llena de carpetas que tenía que solucionar para la mañana siguiente. Y le faltaba además preparar las dos comparecencias ante el tribunal.

En la casa reinaba un extraño silencio cuando entró, incluso se preguntó si había alguien, pero no tardó en ver a Jamie sentado tranquilamente con Carole en la cocina. Esta le había preparado galletas de chocolate y el pequeño estaba comiendo una en silencio. Ni siquiera dirigió la palabra a su madre cuando entró y le sonrió.

—¿Cómo has pasado el día, cariño?

—Triste —dijo con sinceridad—. Mi profesora lloraba cuando me ha dicho que sentía lo de papá.

Liz movió la cabeza. Sabía perfectamente lo que podía sentir su hijo. A ella misma la había hecho llorar el muchacho que le llevó el sándwich al despacho a la hora de comer, el farmacéutico al que había acudido con la receta y otras dos personas con las que se había encontrado en la calle. El simple hecho de que le dieran el pésame la dejaba destrozada. Casi habría soportado mejor que alguien le hubiera dado una patada en la espinilla. También le partió el alma el alud de cartas de condolencia que habían llegado al despacho. En aquellos momentos, al

68

echar una ojeada al mostrador de la cocina, vio otro montón de ellas. Todo aquello estaba hecho con buena intención, pero a ella le resultaba muy difícil aguantar tanta conmiseración.

—¿Cómo están los demás? —preguntó Liz a Carole, dejando la cartera de Jack en el suelo.

—¿Por qué llevas la cartera de papá? —preguntó Jamie, cogiendo otra galleta.

—Porque tengo que leer algunos de sus papeles.

Jamie movió la cabeza, satisfecho con la respuesta, y le explicó que Rachel estaba llorando en su habitación, que Annie y Megan hablaban por teléfono y que Peter aún no había vuelto.

—Me ha dicho que me enseñaría a montar en la nueva bici, pero no lo ha hecho —dijo el pequeño con aire triste. Lo cierto era que la bicicleta había quedado en un rincón.

—Puede que lo haga esta noche —dijo Liz, con cierto optimismo, pero Jamie negó con la cabeza y dejó una galleta a medio comer en el plato. El niño, al igual que ella y que los demás, no tenía apetito.

—Ahora no tengo ganas de montar en bici.

—De acuerdo —respondió ella con dulzura, tocando el sedoso cabello del niño y dándole un beso. Peter entró en la cocina con aire atormentado.

—Hola, Peter. —Liz no se atrevió a preguntarle cómo había pasado el día, pues se veía a la legua. De la misma forma que lo habían pasado todos. Parecía que en aquella semana había envejecido cinco años. Se trataba de una sensación conocida, pues ella misma se sentía cien años más vieja que el día de Nochebuena. Apenas había comido ni dormido durante la última semana y aquello pasaba factura.

—Tengo que decirte algo, mamá.

—¿Por qué me da que no serán buenas noticias? —dijo Liz con un suspiro mientras se sentaba, dispuesta a comerse el trozo de galleta que había dejado Jamie. Su almuerzo había estado toda la tarde intacto en el despacho.

—He tenido un accidente cuando volvía del instituto.

—¿Has hecho daño a alguien? —le preguntó Liz con tranquilidad, casi insensibilizada después de todo lo vivido. Intuía que podía soportar cualquier cosa que no fuera tan grave como la muerte.

—Solo ha quedado abollado el coche. He chocado contra uno que estaba aparcado y he roto el guardabarros.

—¿Has dejado una nota al propietario del coche?

Peter respondió moviendo la cabeza.

—Sí, aunque no le he abollado el vehículo, le he dejado una nota. Lo siento, mamá.

—No te preocupes, Peter. Por si te sirve de consuelo, yo me he saltado dos semáforos en rojo al ir al trabajo esta mañana. El policía que me ha parado ha dicho que sería mejor que no condujera. A ti también te iría bien pasar unos días sin hacerlo.

—Pero sin coche no puedo ir a ninguna parte, mamá.

—Ya lo sé, yo tampoco. Pues tendremos que andar los dos con cuidado.

Peter tenía un viejo Volvo familiar que Jack le había comprado porque le parecía un coche seguro y sólido, y en aquellos momentos Liz agradecía la elección. Ella misma conducía un modelo más nuevo de la misma marca. Carole disponía de vehículo propio, un Ford que tenía más de diez años y que ella mantenía impecable. La llevaba a todas partes y solía utilizarlo para recoger a los niños a la escuela. En la casa había también el nuevo Lexus que se había permitido como un capricho Jack aquel año, pero Liz no se sentía con ánimos de conducirlo ni venderlo. Pensaba que lo mejor sería quedárselo. No soportaba la idea de deshacerse de las cosas de Jack. Había pasado unas cuantas noches abrazada a la ropa de su marido, y en su cuarto de baño olía el familiar perfume de loción para el afeitado. Sentía la necesidad de conservar sus pertenencias y por ello no tenía intención de renunciar a nada. Necesitaba tener cerca todo lo que había sido de Jack. Muchas personas le habían dicho que se deshiciera de todo cuanto antes, y ella les había agradecido el consejo pero seguía con la intención de hacer caso omiso.

Al cabo de un rato bajaron las niñas a cenar y todo el mundo se sentó con aire sombrío alrededor de la mesa de la cocina. Durante media cena, nadie abrió la boca. Tenían el aspecto de supervivientes del *Titanic* y así se sentían. Aquellos días tenían que resultar agotadores, sobre todo porque había empezado de nuevo la escuela para los pequeños y el trabajo para ella.

—¿Os puedo preguntar cómo habéis pasado el primer día de escuela? —dijo por fin Liz, echando un vistazo a la comida que todo el mundo había dejado en el plato.

Solo Peter había hecho un esfuerzo para comer algo, pero la cantidad no tenía nada que ver con la habitual para él. En general repetía en todos los platos y se servía helado sobre cualquier postre, fuera lo que fuese. Pero aquella noche nadie comía, incluso se sintieron aliviados cuando la madre les preguntó cómo habían pasado el día.

—Fatal —saltó de entrada Rachel, y seguidamente Annie secundó la opinión de su hermana.

—Todo el mundo preguntaba qué había pasado, si habíamos visto a papá luego, si habíamos llorado en el funeral. Un martirio —dijo Megan. Los demás soltaron un suspiro de conformidad.

—Seguro que lo hacen con buena intención. Liz les concedió el beneficio de la duda . La gente siente curiosidad y no sabe qué decirnos. Tenemos que seguir adelante e intentar superarlo.

—Yo no quiero volver a la escuela —dijo Jamie, decidido.

Liz estaba a punto de decirle que no tenía más remedio que ir cuando decidió que aquello no era cierto. Si necesitaba pasar un tiempo en casa para reponerse, podía hacerlo perfectamente, sobre todo él.

—Tal vez puedas quedarte a hacer compañía a Carole —dijo Liz en voz baja. Enseguida saltó Rachel:

—¿Yo también puedo quedarme en casa?

—¿Y yo? —planteó Annie.

—Creo que vosotras tendríais que intentar superarlo poco a poco. Jamie puede que lo pruebe de nuevo la semana que viene.

Peter no había confesado a nadie que se había saltado las dos últimas clases y que había pasado el tiempo sentado solo en el gimnasio, porque él, al igual que sus hermanas, tampoco podía soportar los comentarios de los demás. El profesor de educación física lo había encontrado allí y ambos habían charlado un rato; él también había perdido a su padre a la edad que ahora tenía Peter, por lo que habían intercambiado impresiones. El hecho de escuchar al profesor le había ayudado, pero nada podía aliviarle el sufrimiento.

—Nadie ha dicho que vaya a resultar fácil —dijo Liz con un suspiro—. Pero esto es lo que nos ofrece la vida ahora mismo. Tenemos que intentar sacar el mejor partido, y hacerlo aunque sea solo por papá, pues él hubiera querido que las cosas nos salieran bien. Y algún día comprobaremos que es cierto que nos salen así.

—¿Cuándo? —preguntó Annie, abatida—. ¿Cuánto tiempo seguiremos así? ¿Toda nuestra vida?

—Eso es lo que parece ahora mismo, pero no lo sé —respondió Liz con sinceridad—. ¿Cuánto tiempo dura el sufrimiento? A veces mucho, pero no eternamente.

Deseaba creer lo que acababa de decir mientras contemplaba cómo sus hijos se iban otra vez arriba. Nunca había habido tanto silencio en aquella casa. Cada cual se refugió en su habitación con la puerta cerrada; no se oía ni música a todo volumen ni el timbre del teléfono. Liz fue a darles las buenas noches cuando se acostaron, incluso a Peter, y los dos se abrazaron un rato sin articular palabra. No quedaba nada por decir. Lo único que podían hacer era intentar sobrevivir. Aquella noche Jamie también durmió en la cama con ella; Liz ni siquiera le sugirió que volviera a la suya, pues le resultaba muy agradable tenerlo a su lado, así no se sentía tan sola. Sin embargo, al apagar la luz y tumbarse junto al pequeño, solo tenía en la cabeza lo mucho que echaba de menos a Jack; se preguntó a sí misma, le preguntó a él, si podía verla desde el lugar en que se encontraba, si sabía si sería capaz de seguir adelante. No obtuvo respuesta. No quedaba ni un resquicio de felicidad en su vida. Tan solo el insoportable tormento de haberle perdido, el inmenso vacío que había dejado él, que solo lo llenaba la aflicción de la añoranza. Aquello continuaba siendo un dolor físico para todos, y especialmente para ella, aquella noche que pasaba también despierta, llorando, abrazada a Jamie. Aferrada a aquel cuerpecito tenía la impresión de estarse ahogando.

4

Llegó el día de San Valentín, hacía siete semanas que Jack había muerto y los niños empezaban a sentirse algo mejor. Liz había hablado con la psicóloga de la escuela de las niñas, quien le había comentado que entre la sexta y la octava semana sus hijas empezarían a repuntar y a recuperar algo de alegría. Iban a adaptarse a la situación, pero Liz, al tomar plena conciencia de la realidad, se sentiría aún peor.

Al entrar en el despacho aquella mañana de San Valentín, Liz comprendió las palabras de la psicóloga. Jack nunca había olvidado los días señalados. Por San Valentín le regalaba rosas y también otros detalles. Pero aquel año todo era distinto. Aquel día en concreto tenía que acudir al tribunal dos veces, tarea que le resultaba cada vez más pesada. La animadversión de sus clientes hacia sus esposas en el momento del divorcio le parecía especialmente perversa; veía las crueles trampas que se tendían, y que pretendían que ella secundara, como algo completamente absurdo. Liz empezaba a odiar su especialidad y a preguntarse por qué se había dejado convencer por Jack y optado por la vía del derecho familiar.

Había comentado todo ello a Victoria la última vez que se habían visto. Las dos amigas tenían dificultades para quedar, pues Victoria estaba siempre atareada con los niños, que aún iban a la guardería, por eso mantenían normalmente el contacto mediante largas conversaciones telefónicas por la noche.

—¿Qué otra especialidad escogerías? —le había preguntado Victoria con buen criterio—. Cuando yo me dedicaba a responsabilidad civil me decías que eso tú no lo soportabas, y tampoco te veo como criminalista.

—Existen otras especialidades. No sé, tal vez algo relacionado con los niños. Mis clientes no piensan más que en fastidiarse mutuamente, y siempre se olvidan de los niños.

La protección de la infancia siempre le había atraído, pero Jack no se cansó de repetirle que no resultaba rentable. Él no era una persona ambiciosa pero sí práctica, y más con cinco hijos que mantener. Se ganaban bien la vida con el derecho civil, era algo que no podía menospreciarse.

Pero Liz constató de nuevo cuánto odiaba aquella especialidad la tarde del día de San Valentín al salir de la sala tras conseguir una pequeña victoria para una de sus clientes. Se había dejado convencer de presentar una querella contra el ex marido de la mujer, más por fastidiarlo que por una razón realmente legal. El juez, a pesar de aceptar la citada querella, la había reprendido, y con razón. Así pues, al volante del coche, de vuelta hacia el despacho reflexionaba sobre aquella victoria, que le parecía algo vana y que la hacía sentir estúpida.

—¿Has perdido? —le preguntó Jean al entrar. La secretaria notó que Liz recogía los mensajes para meterse en su despacho con aire cansado, molesto e irritado.

—No. Hemos ganado. Pero el juez ha considerado que la querella era frívola, y tenía toda la razón. No sé cómo me he dejado convencer para plantearla. Lo único que perseguía esta mujer era fastidiar a su ex marido. Jack se habría plantado.

—Pero Jack ya no estaba allí para comentar con ella las cosas, para debatirlas, hacerla reír y mantener los clientes a raya. Él había conseguido que disfrutara trabajando y que considerara emocionante su profesión. Pero en aquellos momentos todo le parecía monótono y tenía la sensación de que no lo hacía tan bien como era de esperar—. Puede que mi madre tuviera razón hace dos meses y que lo mejor sería cerrar el bufete.

—A mí me parece que no —respondió Jean con tranquilidad—, a menos que sea eso lo que tú quieres. —Jean sabía que Liz había recibido el dinero del seguro de Jack la semana anterior y que podía permitirse el lujo de dejar de trabajar durante un tiempo para decidir qué le apetecía hacer, pero también sabía que iba a sentirse abatida todo el día en casa sin ninguna ocupación. Había trabajado demasiado tiempo, con la máxima profesionalidad, y había disfrutado tanto con su oficio que no podía renunciar a él de la noche a la mañana—. Espera un poco y es probable que recuperes la ilusión por el trabajo, Liz. O quizá lo que deberías plantearte es mostrarte más firme con tus clientes y más selectiva con los casos que aceptas.

—Sí, tal vez.

Aquella tarde salió pronto y no comentó a nadie adónde iba. Quería hacer algo que solo podía hacer sola. Se paró en una floristería, compró una docena de rosas, se fue hasta el cementerio y estuvo mucho rato ante la tumba de Jack. Aún no habían colocado la lápida, por tanto, dejó las rosas sobre el césped y permaneció allí de pie una hora llorando.

—Te quiero —murmuró antes de alejarse de allí cabizbaja, con las manos en los bolsillos, protegiéndose contra el viento helado. Lloró durante todo el trayecto de regreso y cuando se encontraba a unas manzanas de casa, se saltó un stop en el momento en que una joven atravesaba la calle. El Volvo le dio en la cadera izquierda y la muchacha cayó al suelo con expresión de sobresalto, mientras Liz pisaba a fondo el freno y aparcaba luego el coche para salir a auxiliarla. Tenía aún lágrimas en el rostro cuando ayudó a la muchacha a levantarse. Tres coches tocaban la bocina y algunos gritaban desde la ventanilla.

—¿De qué vas? ¿Estás loca o borracha? ¡Lo he visto todo!

—¡La ha golpeado! Yo he sido testigo... ¿Se encuentra bien? —gritaba un conductor a la víctima mientras las dos mujeres temblaban frente al Volvo y las lágrimas seguían inundando los ojos de Liz.

—Lo siento muchísimo, yo... no sé qué ha pasado. No he visto el stop —dijo a su víctima, pero en realidad sí sabía lo que había pasado. Había ido al cementerio a ver a Jack y estaba tan trastornada que había embestido a una mujer que tenía todo el derecho a cruzar la calle. Era totalmente culpa suya y ella lo sabía.

—Estoy bien... no se preocupe... apenas me ha tocado —la tranquilizó la joven.

—Podía haberla matado —dijo Liz aterrorizada.

Las dos se sujetaban del brazo como para reconfortarse, y la joven se dio cuenta de que Liz estaba totalmente aturdida.

—¿Se encuentra bien? —Liz asintió sin decir nada, incapaz de articular palabra alguna, arrepentida de lo que había hecho y asustada ante las consecuencias que habría podido acarrear.

—Lo siento muchísimo... Hace poco que murió mi esposo... Venía del cementerio... No tendría que conducir...

—¿Por qué no nos sentamos...?

Se metieron en el coche de Liz, y esta le propuso llevarla al hospital, pero la joven insistió en que estaba bien y le dio el pésame por lo de su esposo. Se dio cuenta de que Liz estaba mucho peor que ella.

—¿Seguro que no quiere que la vea un médico? —le preguntó de nuevo Liz, pero la joven sonrió, tranquila de que no hubiera sucedido algo peor.

—Estoy bien. Como mucho, me saldrá un morado. Las dos hemos tenido suerte... Al menos yo.

Siguieron allí sentadas un rato, se presentaron, intercambiaron sus números de teléfono, y luego la joven se marchó y Liz siguió camino de casa aún temblando. Desde el coche llamó a Victoria y le contó lo sucedido, ya que su amiga estaba especializada en cuestiones de responsabilidad civil. Al oír la descripción del accidente, Victoria soltó un leve silbido.

—Si es tan agradable como dices, algo que, por mi experiencia, pongo en duda, has tenido una suerte de mil demonios. Yo que tú pasaría una temporada sin conducir antes de llevarme a alguien por delante.

—Últimamente estaba bien... ha sido hoy... he ido hasta el cementerio... es San Valentín... —Empezó a sollozar y no pudo terminar la frase.

—Lo sé, y te comprendo. Soy consciente de lo duro que es para ti.

Pero no era verdad, pues Liz sabía que nadie se hacía cargo de lo que ella sufría, excepto quien lo había vivido en sus propias carnes. Se dio cuenta de que todas las veces que había dado el pésame a alguien lo había hecho sin imaginar ni siquiera por un instante lo que podía significar para el otro la pérdida o cómo podía sentirse.

Aquella noche comentó el accidente a los niños y vio que todos se horrorizaban, que estaban realmente preocupados por ella. Luego llamó a la joven para preguntarle cómo se encontraba y esta insistió en que estaba bien, y a la mañana siguiente se encontró con que le había mandado unas flores al despacho, un gesto que la dejó helada. La tarjeta que acompañaba el ramo decía: «No se preocupe. Todo nos saldrá bien a las dos». Liz cogió enseguida el teléfono para llamar a Victoria.

—Embestiste a un ángel, la verdad —dijo Victoria, incrédula—. Te aseguro que todos mis clientes te habrían demandado por ataques de angustia, lesiones cerebrales, problemas de columna... y yo les habría conseguido diez millones de dólares.

—Pues menos mal que te has retirado.

Liz rió por primera vez desde la pérdida de Jack. Pocas cosas ocurrían aquellos días que resultaran graciosas.

—Tienes toda la razón. Y también mucha suerte. Pero ahora, ¿no vas a dejar el volante una temporada? —insistió Victoria, realmente preocupada por ella.

—No puedo. Tengo muchas cosas que hacer.

—Pues mucho cuidado, amiga mía. Considera el incidente como una advertencia.

—De acuerdo.

En realidad, a partir de entonces se mostró terriblemente prudente y comprendió hasta qué punto se había desconectado de la realidad, inmersa en el dolor tras la muerte de Jack. Durante el mes siguiente, se esforzó por ver las cosas con más ánimo, sobre todo de cara a los niños. Los llevó al cine los fines de semana, fue a la bolera con ellos y les animó a invitar a sus amigos a cenar y a pasar la noche. Por San Patricio, otra de las fiestas preferidas de Jack, a pesar de no estar precisamente eufóricos, todos se sentían algo mejor. Habían pasado ya tres meses y los niños parecían estar más contentos, incluso Jamie. Volvieron las risas a la hora de la cena, la música a todo volumen y, si bien de vez en cuando Liz veía en ellos un semblante grave, sabía que habían superado lo peor. En cuanto a ella, vivía aún unas noches largas, oscuras y solitarias y unos días marcados por la tensión en el despacho.

Sin embargo, en el fin de semana de Pascua, les sorprendió. No podía soportar la idea de otro día de fiesta lúgubre, repleto de recuerdos de Jack, yendo de acá para allá en la casa, intentando superar la angustia. Se los llevó a todos a esquiar al lago Tahoe, y a los niños les encantó la idea. Se les veía tranquilos de verla otra vez en el mundo con ellos, esquiando, riendo mientras echaba una carrera con Megan en la pista o chocaba con Jamie. Todos se sentían felices. Aquello era realmente lo que les hacía falta.

Durante el regreso hablaron de las vacaciones de verano.

—Faltan muchos meses, mamá —protestó Annie.

La pequeña se había enamorado de un chico que vivía cerca de su casa y no podía soportar la idea de alejarse de él en verano. Peter había encontrado un trabajo en una clínica veterinaria del barrio. Aunque no tenía la intención de seguir en este campo, aquello iba a mantenerle ocupado. A Liz solo le quedaba organizar la vida de las tres niñas y de Jamie.

—Este año solamente tendré una semana libre —les explicó—. Ahora que estoy sola en el despacho tengo mucho trabajo. ¿Qué tal si vais las tres un mes a un campamento de verano? Jamie puede quedarse en casa conmigo y pasar el día en el centro recreativo.

—¿Podré llevarme comida de casa? —preguntó Jamie con aire preocupado, y Liz le sonrió. La última vez que había ido a aquel centro lo había pasado mal con la comida, aunque le gustaron las actividades y los niños que participaban en ellas, de modo que Liz creía que estaría bien repetir. El niño no podía irse de campamento como sus hermanas.

—Sí, podrás llevar comida de casa —le prometió Liz, y a Jamie se le iluminó el rostro.

—Si es así, voy.

Dos asuntos solucionados y tres por solucionar, pensaba Liz mientras conducía. Las chicas discutieron hasta llegar a Sacramento y por fin decidieron que en definitiva el campamento no era tan mala idea. Irían en julio. Liz prometió llevarlos a todos a Tahoe una semana en agosto y luego podían quedarse en casa e invitar a sus amigos a la piscina.

—¿Vamos a organizar este año la comida al aire libre del Cuatro de Julio?

Era una tradición familiar y Jack se ocupaba de ella todos los años. Él preparaba la parrilla, se ocupaba del bar y de que todo funcionara. Al pensar en ello, Liz se deprimió. Se produjo un largo silencio y por fin sacudió la cabeza. Nadie abrió la boca y al mirar de reojo a Jamie vio que dos lágrimas descendían por sus mejillas.

—¿Te pone triste lo de la comida al aire libre? —le preguntó ella con dulzura, pero Jamie lo negó con la cabeza. Se trataba de otra cosa, de algo mucho más importante.

—Acabo de acordarme de algo. No podré participar en las Olimpiadas Especiales.

Le encantaban las Especiales, y Jack le ayudaba en el entrenamiento. Se preparaban durante meses y, a pesar de que

Jamie solía conseguir los últimos puestos en las pruebas en las que participaba, siempre ganaba alguna cinta y toda la familia acudía a animarle.

—¿Por qué? —Liz no se amilanaba. Sabía lo que habían representado aquellas Olimpiadas para Jack y también para Jamie—. Tal vez Peter podrá ayudarte en el entrenamiento.

—Imposible, mamá —dijo Peter, apenado—. Voy a trabajar en la clínica veterinaria de ocho de la mañana a ocho de la noche e incluso tendré guardia algún fin de semana. No me quedará tiempo.

Había aceptado el empleo porque le ofrecían mucho dinero. Luego se hizo una pausa y, mientras Jamie seguía llorando en silencio, Liz tenía la impresión de que le arrancaban el corazón.

—Muy bien, Jamie —dijo con calma—. Así que quedamos tú y yo. Tendremos que solucionarlo juntos. Vamos a decidir en qué competiciones participas y a lanzarnos de lleno a ellas para que este año —prosiguió, haciendo un esfuerzo por contener las lágrimas— podamos ir a por el oro.

Al niño se le pusieron los ojos como platos.

—¿Sin papá? —preguntó lleno de sorpresa, volviéndose para comprobar si su madre le tomaba el pelo, aunque sabía que ella no le haría algo así.

—Conmigo. ¿Cómo lo ves? Este año pasamos al estrellato.

—No podrás, mamá. Tú no sabes cómo se hace.

—Lo aprenderemos juntos. Tú me explicarás lo que hacía papá. Y te prometo que vamos a ganar algo.

Una leve sonrisa se dibujó en el rostro de Jamie, y sin decir una palabra, alargó la mano para acariciar el brazo de su madre. Habían resuelto el problema. El verano estaba organizado. Todo lo que le quedaba ahora era apuntar a las niñas en el campamento, a Jamie en el centro recreativo y las Olimpiadas Especiales y alquilar unas habitaciones o una casa en Tahoe para pasar una semana en agosto. No le resultaba fácil imaginar las necesidades y los deseos de sus hijos y satisfacerlos ella sola, e intentar compensar la gran pérdida, pero hacía todo lo que podía y por el momento no les iba tan mal.

Todos llevaban bastante bien el curso, sonreían a menudo, se lo habían pasado muy bien esquiando con ella y ahora no le quedaba a Liz más que esperar que fueran creciendo, seguir con la doble carga en el bufete, aprender a entrenar a Jamie para las Olimpiadas Especiales y, con un poco de suerte, conseguir que el pequeño ganara una cinta. Se sentía un poco como una equilibrista en el circo. Se acercaban ya a San Francisco y Megan puso la radio a todo volumen, un gesto ya bastante familiar que hacía perder los nervios a Jack, quien la obligaba a bajarlo. Liz no le dio importancia. Era consciente de que se trataba de una buena señal, y en aquellos momentos todos necesitaban aferrarse a algo. Durante los tres meses y medio anteriores no se había producido este tipo de reacciones, pero parecía que las cosas empezaban a aflorar de nuevo. Miró a su hija con una leve sonrisa y cuando sus miradas se encontraron, Liz subió algo más el volumen de la música. Megan empezó a reír al ver el gesto y su madre la imitó.

—Así me gusta, mamá... ¡a tope!

Todos se echaron a reír y empezaron a cantar al son de la música. El ruido era ensordecedor, pero en aquellos momentos lo necesitaban. Liz tuvo que gritar para que la oyeran en medio del estruendo:

—¡Os quiero mucho!

A pesar del retumbo, oyeron a su madre y respondieron al unísono a la mujer que les había guiado en medio de los escollos y conducido hacia las aguas tranquilas:

—¡Nosotros también te queremos, mamá!

Cuando llegaron a casa, tenían aún los oídos ensordecidos por la música, pero recogieron los equipajes sonriendo y Liz les siguió también con el mismo aire.

Carole les esperaba en la puerta.

—¿Cómo ha ido todo? —preguntó, refiriéndose tanto a la práctica del esquí como al largo viaje, y Liz le respondió con una sonrisa que Carole no había visto en ella en meses.

—Perfecto —dijo y seguidamente se fue arriba, hacia su habitación.

5

Los niños terminaron la escuela la segunda semana de junio, y quince días después Liz y Carole preparaban los equipajes de las niñas para ir al campamento. Estaban muy emocionadas con aquellas vacaciones, pues iban a coincidir allí con algunos de sus amigos. Era agradable verlas tan felices. El campamento estaba cerca de Monterey, y Liz y Jamie las acompañaron hasta allí.

En el coche se respiraba un auténtico ambiente de vacaciones. Escucharon unos cuantos CD, todos estridentes, salvajes, del tipo de música que les gustaba a ellas y no lo que hubiera preferido su madre, pero a Liz le daba igual. Durante la última época había disfrutado de la compañía de sus hijos. También había prometido a Jamie empezar el entrenamiento en cuanto las niñas estuvieran en el campamento. Quedaban cinco semanas para el inicio de las competiciones y para entonces sus hermanas estarían ya de vuelta y podría ir toda la familia a animarle. Era una tradición que había empezado Jack tres años atrás, a la que todos daban una gran importancia. Aun así, Jamie temía que su madre no supiera prepararle.

Dejaron a las niñas en el campamento situado entre Monterey y Carmel, y Liz les ayudó a trasladar los sacos de dormir, las raquetas de tenis, una guitarra, dos maletas, un montón de bolsas de todo tipo a las tiendas. Aquello parecía la impedimenta de un ejército invasor. Tan emocionadas estaban que a punto estuvieron de olvidar que debían despedirse de Liz y Jamie antes de salir corriendo a buscar a sus monitores y amigas.

—Puede que algún día tú también vayas a un campamento —dijo Liz a Jamie cuando se metieron otra vez en el coche.

—No quiero ir —respondió él con gran naturalidad—. Prefiero quedarme en casa contigo.

Dijo aquello mirando a su madre, quien le sonrió antes de tomar la dirección hacia la autopista. Tardaron tres horas en volver a Tiburon, y cuando llegaron a casa, encontraron a Peter que acababa de salir del trabajo. Había empezado en la clínica la semana anterior y, a pesar del largo horario, disfrutaba con su ocupación. Aquel verano también trabajaban allí dos compañeros suyos del instituto: una muchacha muy guapa de Mill Valley y un estudiante de veterinaria de Davis.

—¿Qué tal el día? —preguntó Liz a su hijo mayor mientras entraba en la cocina con Jamie.

—Mucho trabajo —respondió él sonriendo.

—¿Vamos a cenar?

Ya llevaba un tiempo preparándoles de nuevo la comida. Primero se había encargado de ello Carole, pero desde Semana Santa era como si hubiera establecido de nuevo el vínculo con sus hijos. La madre de Liz llamaba a menudo para ponerse al corriente de la situación, pero ya ni sus amenazas parecían tan terribles como en un primer momento. Daba la impresión de que todo iba a solucionarse. En el despacho conseguía salir adelante, a pesar del enorme volumen de trabajo. Había solucionado todos los casos de Jack y abordado algunos nuevos. Sus hijos estaban bien. El verano empezaba con buen pie. Seguía echando de menos a Jack pero ya aguantaba mucho mejor los días e incluso las noches. No dormía tan bien como en otra época, pero había conseguido conciliar el sueño hacia las dos en lugar de hacerlo a las cinco, y la mayor parte del tiempo se sentía más animada, pese a algún bajón ocasional o día de fuerte depresión. Como mínimo había conseguido pasar más días buenos que malos.

Preparó pasta y ensalada para los tres y Jamie le ayudó en los postres a base de helado con fruta, que coronaron con nata montada, frutos secos y cerezas al marrasquino.

—Como en un restaurante —anunció Jamie, orgulloso de sí mismo al servirlos.

—¿Ya has empezado con mamá el entrenamiento para las olimpiadas? —preguntó Peter con interés mientras devoraba el helado.

—Vamos a empezar mañana —respondió su madre.

—¿En qué pruebas vas a participar este año? —siguió Peter, hablándole más como un padre que como un hermano.

Peter, a pesar de todo lo que había pasado, había conseguido recuperar el ritmo e incluso acabar el curso con unas notas bastante aceptables. En otoño terminaría los estudios secundarios y Liz tenía pensado acompañarle en septiembre a escoger universidad. Habían hablado de la costa oeste, pues no quería alejarse mucho de casa, aunque antes de la muerte de su padre hubiera hablado de Princeton, Yale o Harvard. En aquellos momentos pensaba más en UCLA, Berkeley y Stanford.

—Voy a participar en salto de longitud, en los cien metros y la carrera de sacos —dijo Jamie con orgullo—. Quería hacer también lanzamiento de huevos pero mamá dice que ya soy mayor para eso.

—Me parece muy bien. Seguro que ganas otra cinta —dijo Peter con una cariñosa sonrisa.

Liz los miraba a los dos encantada. Eran unos muchachos excelentes y estaba muy contenta de tenerlos en casa con ella. Disfrutaba de su compañía y ahora, sin las chicas, podía dedicarles todo el tiempo.

—Mamá dice que esta vez voy a quedar primero —declaró Jamie poco convencido. Aún no sabía si su madre sería una experta preparadora. Él estaba acostumbrado a entrenar con su padre.

—Seguro que tiene razón —dijo Peter, sirviéndose más helado y llenando de nuevo la copa de su hermano.

—Me da igual llegar el último —confesó Jamie con toda sinceridad— mientras consiga la cinta.

—Muchísimas gracias por confiar tanto en tu entrenadora.

Liz sonrió a su hijo pequeño, empezó a quitar la mesa y le dijo que se preparara para ir a la cama. Al día siguiente, Jamie empezaba en el centro recreativo.

Por la mañana, cuando acompañó a Jamie antes de ir al trabajo, le miró con orgullo mientras le despedía con un beso:

—Te quiero mucho, tesoro. Que te diviertas. A las seis estaré en casa y podremos empezar el entrenamiento para las olimpiadas.

El muchacho asintió y le mandó un beso al salir del coche, y Liz arrancó de nuevo camino del despacho. En Marin hacía un día cálido y soleado, a pesar de que la niebla se extendía por el puente, lo que indicaba que probablemente hacía más fresco en San Francisco. El agradable día de verano le hizo pensar de pronto en Jack y sintió como una puñalada en el corazón. Era una sensación que tenía a menudo cuando pensaba en él o veía algo que se lo recordaba. Se sentía mejor cuando llegó al despacho, aunque hiciera lo que hiciese, tuviera el trabajo que tuviese, seguía echándole de menos.

—¿Algún mensaje? —preguntó a Jean al entrar y esta le pasó siete pedacitos de papel. Dos pertenecían a unos nuevos clientes que había conseguido la semana anterior, otros dos a unos abogados a los que había pasado unos casos, dos más a personas desconocidas y el último era de su madre.

Hizo todas las llamadas profesionales y luego marcó el número de su madre.

—¿Qué tal has dejado a las niñas en el campamento?

—Perfectamente, las llevé ayer, Jamie ha empezado hoy a ir al centro y Peter está trabajando.

—¿Y a ti, Liz, cómo te van las cosas?

—Bien, mamá. Me ocupo de los niños y trabajo.

¿Qué más podía esperar que hiciera?

—Eso no es suficiente para una mujer de tu edad. Tienes cuarenta y un años, aún eres joven, pero no tanto para perder tiempo. Tendrías que salir con alguien.

¡Por el amor de Dios! Aquello era lo último que tenía en la cabeza. Seguía llevando la alianza y cada vez que alguna amistad le había salido con un comentario parecido, ella lo había rechazado en el acto. No tenía ningún interés en salir con un hombre. En el fondo de su corazón seguía casada con Jack y pensaba que siempre iba a ser así.

—Tan solo hace seis meses, mamá. Además, estoy muy ocupada.

—Muchas a los seis meses ya están casadas. Seis meses es mucho tiempo.

—Y diecinueve años también. Vamos a ver, ¿y tú qué? ¿Sales con algún hombre?

—Soy demasiado vieja para eso —respondió bruscamente la mujer, aunque las dos sabían que no era cierto—. Ya sabes a qué me refiero.

«Vende la casa, cierra el bufete, busca un marido.» Su madre tenía muchos consejos que darle, o al menos eso creía ella, como muchas otras personas de su entorno. Cada cual tenía un comentario que hacer a este respecto, pero Liz no hacía caso a nadie.

—¿Cuándo te tomarás unas vacaciones?

—En agosto. Me iré con los niños a Tahoe.

—Muy bien. Lo necesitas.

—Gracias. Y ahora me pondré a trabajar, que me espera mucho jaleo esta mañana.

Quería colgar antes de que a su madre se le ocurriera algo más, pues siempre iba empalmando un tema con otro.

—¿Ya te has deshecho de las cosas de Jack?

¡Santo cielo! Aquello era imposible.

—No, no lo he hecho. Tengo espacio suficiente.

—Tienes que empezar una nueva página de tu vida, ya lo sabes, Liz.

—¿Ah, sí? ¿Entonces por qué los abrigos de papá siguen en tu armario de abajo?

—Esto es distinto. No tengo otro sitio donde guardarlos.

¿Guardarlos para quién? ¿Y para qué? Ambas sabían que era exactamente igual.

—No estoy preparada para deshacerme de todo, mamá.

«Y tal vez nunca lo esté», dijo para sus adentros. No quería que Jack saliera de su vida, de su cabeza, de su corazón, ni de sus armarios. Aún no se veía capaz de decirle adiós.

—Mientras no lo hagas, no vas a mejorar.

—Ya estoy mejor, mucho mejor. Bueno, mamá, tengo que dejarte.

—Lo que pasa es que no quieres escuchar, porque sabes que tengo razón.

«¿A santo de qué? ¿A santo de qué tengo que desprenderme de las cosas de él?» Volvió a notar la punzada en el corazón que había sentido aquella mañana. Realmente su madre no la ayudaba en nada.

—Te llamaré este fin de semana —le prometió.

—No trabajes demasiado, Liz. Sigo pensando que tendrías que cerrar el bufete.

—Tal vez me vea obligada a ello si no me dejas trabajar, mamá.

—De acuerdo, de acuerdo. Ya hablaremos el domingo.

Después de colgar, miró por la ventana, pensando en Jack, pensando en lo que le había dicho su madre y le resultaba demasiado doloroso hacer lo que esta le acababa de sugerir. La reconfortaba seguir viendo la ropa de él colgada del armario. En algún momento de nostalgia rozaba con el dedo una manga o bien olía el perfume que desprendían aún los cuellos. Por fin había tirado la maquinilla de afeitar y la brocha, así como el cepillo de dientes de Jack. Lo que no conseguía era ir más allá. Lo demás seguía en casa y a ella le gustaba así. El día en que decidiera que no le gustaba ya encontraría una solución. De todas formas, pasaría tiempo antes de que esto ocurriera. Aún no estaba preparada.

—¿Algún problema? —preguntó Jean, quien, al entrar en su despacho, había visto la expresión afligida de Liz. Pero esta se despertó en el acto al oírla y la miró dirigiéndole una nostálgica sonrisa.

—Mi madre. Siempre tiene algún consejo que darme.

—Las madres son así. Supongo que no has olvidado que esta tarde te esperan en el tribunal.

—No, no, aunque tampoco puedo decir que sea algo que espere con la máxima ilusión.

Liz no había cambiado nada en el funcionamiento del despacho. Seguía aceptando los casos que Jack hubiera aprobado, aquellos por los que hubiera luchado él. Liz utilizaba los mismos criterios de selección que antes. Lo hacía por él, por respeto a las pautas establecidas, si bien a veces se preguntaba qué era lo que estaba haciendo. Había muchas cosas en la práctica del derecho familiar que no le gustaban, muchas batallas que a ella le parecían sin importancia. Tenía que tratar con personas que se odiaban, que estaban dispuestas a atizarse golpes bajos, a hacerse daño, y aquello empezaba a deprimirla. Jean se daba cuenta de ello, veía que no ponía el mismo empeño que en vida de Jack. La pareja había formado un equipo extraordinario, pero Liz en solitario ya no tenía el ardor de otra época. No lo habría admitido ante nadie, pero la irritación constante que le provocaban los casos de divorcio la estaba consumiendo.

No obstante, nadie lo habría imaginado aquella tarde cuando entró en la sala. Como siempre, llegó perfectamente preparada, organizadísima, y luchó con valentía por su cliente, quien consiguió sin problemas lo que deseaba. Se trataba de una cuestión nimia, pero ella la resolvió a la perfección, hasta el punto que el juez le agradeció el haber liquidado con tanta rapidez una cuestión secundaria que el abogado contrario intentaba convertir en un tema de primer orden.

Eran casi las cinco cuando volvió al despacho, hizo unas llamadas y recogió sus cosas. Quería estar en casa a las cinco y media para cuando llegara Jamie.

—¿Te vas? —dijo Jean entrando en su despacho con un montón de papeles que habían llegado de otro bufete. Se trataba de un material perteneciente a un nuevo caso de divorcio y procedía de una importante firma legal de la ciudad.

—Tengo que volver a casa para entrenar a Jamie. Este año participará otra vez en las Olimpiadas.

—Un detalle muy bonito, Liz —dijo Jean sonriendo.

Liz seguía todas las tradiciones instauradas por Jack, mantenía alto el nivel de su recuerdo por sus clientes, por ella misma y por sus hijos. Quedaba claro que deseaba que nada cambiara, y hasta entonces había sido así. Hasta el último detalle de su vida seguía en el mismo lugar que antes de perder a su marido. Ni siquiera había ocupado su despacho, a pesar de que le gustaba más que el suyo. Se había limitado a cerrar la puerta y en muy pocas ocasiones la había abierto de nuevo. Era como si esperara que él volviera algún día y se instalara de nuevo en su sitio. Jean encontraba aquello algo estremecedor al principio, pero ya se había acostumbrado. Una y otra entraban de vez en cuando a buscar algún papel, aunque la mayor parte de expedientes estaban ahora en el despacho de Liz.

—Hasta mañana —dijo Liz dirigiéndose hacia la puerta.

Cuando llegó a casa encontró a Jamie esperándola. Entró corriendo, se puso unos tejanos, una sudadera y zapatillas deportivas, y cinco minutos después ya estaba otra vez fuera empezando el entrenamiento del salto de longitud con Jamie. El primer intento del pequeño fue bastante mediocre y el niño era consciente de ello.

—No puedo.

Se le veía derrotado antes de empezar, parecía querer dejarlo, pero Liz no le hizo caso.

—Claro que puedes. Mírame a mí.

Le demostró cómo hacerlo moviéndose con lentitud para

que él se fijara bien. Jamie tenía más memoria visual que auditiva y su segundo intento fue un poco más convincente.

—Pruébalo otra vez —le animó ella.

Al cabo de un rato apareció Carole con un vaso de Gatorade y una bandeja de galletas de chocolate recién salidas del horno.

—¿Cómo va eso? —preguntó, animada. Jamie movió la cabeza con gesto negativo y aire triste.

—Mal. Este año no voy a ganar ninguna cinta.

—Sí vas a ganarla —dijo Liz con firmeza.

Quería que su hijo ganara porque sabía lo mucho que significaba para él. Todas las veces que había entrenado con su padre había ganado una. Cuando hubo comido un par de galletas y bebido medio vaso de refresco, le dijo que lo intentara de nuevo y esta vez le salió mejor. Entonces le recordó la divisa de las Olimpiadas Especiales: «Que gane, pero si no puedo ganar, que sea valiente en el intento».

Siguieron practicando un rato más y luego Liz le cronometró una carrera en el jardín. Siempre le había salido mejor la carrera que el salto de longitud. La carrera era su punto fuerte, en general era más rápido que la mayoría de sus adversarios y conseguía centrarse más en el objetivo. A pesar de sus impedimentos, tenía una excelente capacidad de concentración, e incluso aquel invierno había aprendido a leer, de lo que estaba muy orgulloso. Leía todo lo que caía en sus manos: paquetes de cereales, etiquetas de botes de mostaza, envases de leche, cuentos, propaganda que encontraba bajo el parabrisas del coche de su madre e incluso cartas que Liz dejaba sobre la mesa de la cocina. A los diez años, le hacía feliz haber aprendido a leer.

A las siete, Liz sugirió dejarlo, pero Jamie quería seguir un rato más, y no pudo convencerle de lo contrario hasta media hora más tarde.

—Aún nos queda un mes de entrenamiento, cielo. No podemos hacerlo todo en un día.

—Papá siempre decía que tenía que seguir hasta que no me tuviera en pie. Y aún puedo aguantar —respondió él.

Liz le sonrió.

—Yo creo que aunque puedas tenerte en pie, deberíamos dejarlo por hoy. Mañana seguiremos.

—Está bien —admitió por fin.

En realidad, había trabajado mucho y estaba agotado. Cuando llegaron a la cocina vieron que Carole tenía la cena preparada: pollo asado, puré de patata y zanahorias glaseadas, una de las cenas preferidas de Jamie. Y para postre, tarta de manzana acabada de salir del horno.

—¡Ñam! —exclamó Jamie con expresión de deleite.

Devoró todo lo que le sirvieron mientras charlaba con su madre sobre las olimpiadas, un tema que le emocionaba.

Después de cenar, tomó un baño y se fue a la cama. Tenía que madrugar para ir al centro recreativo y a Liz le quedaba trabajo por hacer. Se llevó la cartera arriba, dio las buenas noches al pequeño, dejó la cartera en su dormitorio y se dirigió al armario. Jack había hecho construir en su habitación un enorme armario empotrado del que cada cual utilizaba su parte. Recordando lo que le había dicho su madre por teléfono aquella mañana, su mirada se centró en la ropa de Jack con más nostalgia que en otras ocasiones. Tenía la impresión de que todo el mundo intentaba arrebatarle sus recuerdos, y ella no estaba dispuesta a renunciar a ellos ni a olvidar a su marido.

Sin darse cuenta estaba acariciando una de sus americanas y acercándosela al rostro para aspirar su perfume. Conservaba aún su olor. Se preguntó si siempre sería así o a la larga se iría apagando la fragancia. Aquella idea le parecía insoportable y, al hundir el rostro en aquel paño, los ojos se le inundaron. No se dio cuenta de que Peter había entrado en la habitación y tuvo un sobresalto al notar una mano en el hombro; se volvió y vio a su hijo.

—No tendrías que hacer esto, mamá —dijo él en tono cariñoso, mirándola también con lágrimas en los ojos.

—¿Por qué?

Se había puesto a llorar y él la abrazó. En aquellos momentos, además de su hijo, era su amigo. Tenía diecisiete años y, al perder a su padre, en poco tiempo se había convertido en un adulto.

—Le echo tanto de menos... —le confesó Liz, y él movió la cabeza con gesto de asentimiento.

—Lo sé. Pero haciendo esto no cambias nada. Son cosas que no te ayudan. Todo lo contrario, empeoran la situación. Yo también venía a refugiarme aquí, pero me entristecía tanto que lo dejé. Quizá deberías recoger toda su ropa. Si quieres, puedo ayudarte —propuso Peter.

—La abuela también me lo ha dicho... pero yo no quiero —respondió Liz con tristeza.

—Pues no lo hagas. Ya lo harás cuando estés preparada.

—¿Y si nunca lo estoy?

—Algún día lo estarás. Cuando llegue el momento, tú misma te darás cuenta.

Estuvieron un rato abrazados y luego Liz se apartó con suavidad y miró a su hijo con una sonrisa. Había pasado aquel instante de dolor agudo y ya se sentía mejor. Peter era un buen muchacho y ella lo quería con locura, como a todos sus hijos.

—Te quiero, mamá.

—Yo también te quiero, cielo. Gracias por apoyarme y por ayudar a tus hermanos.

Peter movió la cabeza y los dos volvieron al dormitorio. Liz fijó la vista en la cartera que le esperaba y por una vez se dio cuenta de que no tenía ganas de trabajar. Cada vez que se explayaba, como había hecho un momento antes, intentando aferrarse al recuerdo de Jack, a su ropa, al perfume que esta desprendía, luego se sentía peor. El aspecto positivo no duraba más que unos segundos y luego le echaba mucho más de menos. Aquello era lo que había descubierto Peter, por eso lo había dejado, como acababa de comentarle.

—¿Por qué no te das un respiro esta noche, te preparas un baño caliente, te vas al cine o haces algo distinto? —le dijo él con gran acierto.

—Tengo trabajo.

—Siempre tienes trabajo. Pero esto puede esperar. Si papá estuviera aquí, te llevaría a alguna parte. Ni él trabajaba todas las noches como haces tú ahora.

—No, pero trabajaba mucho en casa. En aquella época, más que yo.

—Pero no puedes ser tú y él al mismo tiempo, mamá. Limítate a ser tú. Para ti es excesivo llevar el peso de dos.

—¿De dónde has sacado tanta sensatez? —dijo Liz sonriéndole.

Los dos sabían la respuesta. Peter se había hecho mayor de repente hacía seis meses, aquella mañana de Navidad. Había tenido que madurar a marchas forzadas para ayudarla a ella, a su hermano y a sus hermanas. No tenía otra alternativa. Hasta las niñas habían crecido mucho durante aquellos meses, e incluso Megan, a pesar de estar en una edad difícil, solía ofrecerse para ayudarla. Liz iba a echarla de menos durante el tiempo que permaneciera en el campamento, pero era consciente de que a todos les convenía una temporada fuera y disfrutar de unas vacaciones.

Peter se metió en su dormitorio y Liz se sentó en la cama y esparció en ella sus papeles. Seguía trabajando cuando Peter apagó la luz. Últimamente ella se acostaba muy tarde. Nunca le apetecía meterse en la cama ni intentar dormir. Le costaba luchar contra los recuerdos. Desde el principio, había constatado que le costaba más pasar las noches que los días.

Pero a las dos de la madrugada el sueño ya la había vencido y a las siete estaba otra vez en pie. Dejó a Jamie en el centro, se fue al despacho, repasó los expedientes, dictó unas cartas a Jean, hizo unas llamadas telefónicas y a las cinco y media estaba de nuevo en el jardín cronometrando las carreras de Jamie.

En realidad, aquello resultaba para ella una rutina agradable. Niños, trabajo, niños, trabajo, sueño, y luego empezar de nuevo la rutina. Por el momento, aquella era su vida y no deseaba otra.

Cuando las chicas volvieron del campamento, Jamie había avanzado mucho en sus carreras y mejorado en salto de longitud. Había practicado también para la carrera de sacos con uno de yute que había conseguido en el supermercado. Iba ganando en confianza así como en velocidad. Con esfuerzo y voluntad compensaba la falta de coordinación.

Sin embargo, le emocionó más ver cómo llegaban sus hermanas del campamento que pensar en sus olimpiadas. Ellas también se mostraron felices al verle. Toda la familia tenía debilidad por Jamie. El día antes de que llegaran las chicas, Liz se fue con Jamie y un amigo suyo a Marineworld. Al niño le encantaba que los delfines y las orcas le salpicaran, hasta el punto de que entró en el coche para volver a casa completamente empapado. Liz tuvo que envolverle con una toalla para que no se resfriara; había pasado un día lleno de emociones.

Las Olimpiadas Especiales iban a celebrarse el fin de semana siguiente. Liz le entrenó cada tarde y el día antes de las pruebas también toda la mañana. Muchas veces se preparaba en presencia de sus hermanas, quienes le aplaudían y animaban. Había progresado mucho y la noche anterior le costó dormirse. Como hacía a menudo, se metió en la cama de Liz. Ella nunca se quejaba ni le decía que no lo hiciera, ya que, de una manera egoísta, también le gustaba la presencia de su hijo, y la compañía era reconfortante para ambos.

La mañana de la inauguración de los juegos se levantó cálida y soleada. Liz y Jamie salieron antes que los demás. Peter llevaría a Carole y a las niñas una hora más tarde. Liz llevaba la cámara de vídeo y su Nikon.

Se inscribieron en la entrada del recinto, donde proporcionaron un número a Jamie. Se veían niños como él por todas partes, algunos más discapacitados que él, muchos de ellos con lesiones irreversibles y también un buen número en sillas de ruedas. Liz estaba acostumbrada a ver aquel panorama, pero le conmovió comprobar la felicidad y la emoción que reinaba entre aquellos niños. Jamie apenas podía contenerse a la espera de su primera prueba, pero cuando anunciaron la carrera de los cien metros, se volvió hacia su madre con expresión de pánico.

—No puedo —dijo con la voz entrecortada por la emoción—. No puedo, mamá.

—Sí puedes —respondió ella en tono tranquilizador, cogiéndole la mano—. Tú sabes que puedes hacerlo, Jamie. Da igual que no ganes, es para divertirte, cariño. Lo único que tienes que hacer es pasarlo bien. Tú intenta relajarte y disfrutar.

—No lo puedo hacer sin papá.

Liz no estaba preparada para aquella salida y al oírlo los ojos se le nublaron.

—A papá le habría gustado que lo pasaras bien. Es una prueba muy importante para ti, igual como lo era para él. Si ganas una cinta, te sentirás bien —dijo ella con voz temblorosa, intentando contener unas lágrimas que, por suerte, Jamie no vio.

—No la quiero sin él —exclamó el niño rompiendo a llorar y escondiendo la cabeza contra el pecho de su madre. Durante un momento, Liz se debatió entre la idea de permitirle abandonar y animarle a participar. Al igual que todo lo que habían hecho desde la muerte de su padre, el principio resultaba muy duro, pero una vez se superaba el dolor atroz, llegaba la sensación de victoria al haberlo conseguido.

—¿Por qué no intentas como mínimo una prueba? —le comentó Liz, mientras le abrazaba y le acariciaba el pelo—. Y si luego ves que no quieres seguir, nos vamos a ver el espectáculo desde las tribunas, o incluso podríamos volver a casa si quieres. Solo esta prueba.

Jamie reflexionó durante un rato sin decir nada mientras iban llamando a los participantes de los cien metros para que se situaran en la línea de partida, y volvió a mirar a su madre antes de hacer un gesto de asentimiento. Luego, Liz le acompañó hasta la línea, donde el pequeño la miró de nuevo fijamente y fue a situarse junto a los demás. Ella le mandó un beso antes de alejarse, algo que Jack no habría hecho nunca. En efecto, su marido siempre trataba a Jamie como a un hombre y le reprochaba a ella que lo tratara como a un niño. Pero a Liz le resultaba muy difícil, pues lo consideraba su niño, independientemente de lo que pudiera crecer o madurar.

Con lágrimas en los ojos, Liz observó cómo corría, animándole tal como hacían los otros padres. En esta ocasión deseaba que ganara, por él mismo, por Jack y para demostrar que todo seguía por su camino, que era capaz de vivir sin su padre. Jamie lo necesitaba incluso más que los otros y en cierta forma tal vez ella también. Conteniendo el aliento, vio cómo se acercaba a la línea de meta. Iba tercero o cuarto, pero de pronto, en un súbito impulso, se situó a la cabeza. No miró a su alrededor como hacían otros, sino que se limitó a acelerar, y de pronto Liz comprobó, asombrada, mientras las lágrimas le nublaban algo la visión, que Jamie había rebasado la línea. La cinta de la llegada le cruzaba el pecho y se había situado, jadeando, en el otro extremo de la pista, buscando desesperadamente el lugar donde estaba ella mientras el responsable de la carrera le abrazaba y felicitaba. Muchos voluntarios se acercaban también a él. Liz llegó a toda velocidad y Jamie se echó en sus brazos en cuanto la vio.

—¡He ganado! ¡He ganado! ¡He llegado el primero! ¡He ganado, mamá! ¡Con papá nunca lo había conseguido! —¡Qué orgulloso se habría sentido Jack de su hijo!, pensaba Liz imaginando la sonrisa que les dedicaría. Estrechaba a Jamie con todas sus fuerzas, agradeciendo a Dios y a Jack la proeza, besando la frente de su hijo y diciéndole lo feliz que la había hecho. El pequeño la miró sorprendido al comprobar que estaba llorando—. ¿No estás contenta, mamá? —le preguntó, desconcertado, y ella se echó a reír.

—¡Claro que estoy contenta! ¡Has estado fantástico!

Los dos saludaron con grandes gestos a Peter y a las niñas, que estaban en las tribunas, haciendo también la señal de la victoria. Sus hermanos se levantaron para aclamarle cuando anunciaron por el sistema de megafonía el nombre del ganador y Jamie fue a recoger la medalla de oro. Ya no importaba nada de lo que pudiera pasar aquel día: Jamie había ganado.

Luego se situó en segundo lugar en salto de longitud, con lo que consiguió una medalla de plata y fue primero ex aequo en la carrera de sacos. Al final del día había ganado dos medallas de oro y una de plata. Cuando, ya tarde, volvían a casa en coche, Jamie se sentía la persona más feliz del mundo con las tres medallas en el cuello. Había sido un día maravilloso, lleno de emociones, victorias y momentos de ternura, y para celebrarlo, Liz los llevó al Buckeye de Sausalito. Todos iban a acordarse durante mucho tiempo de aquel día y se sentirían orgullosos de lo sucedido.

—Con papá nunca lo conseguí —repitió Jamie mientras comían —. Eres una buena entrenadora, mamá. No pensaba que pudieras hacerlo.

—Ni yo —saltó Megan, satisfecha, mirando a su madre.

Rachel y Annie bromearon sobre el campeón que tenían en casa y Liz le prometió que le haría enmarcar las medallas.

—Lo hiciste muy bien, mamá —comentó Annie.

—A Jamie le ha tocado la peor parte. Yo me limité a cronometrarle en el jardín. Algo que no tiene mérito.

Con mérito o sin, lo había hecho todos los días durante cinco semanas seguidas y ahí tenía la recompensa. Jamie nunca había sido tan feliz en su vida y jamás se había sentido tan orgulloso de sus logros. Enseñó las cintas y medallas a todo el mundo en el restaurante y aquella noche, cuando Liz fue a arroparlo a la cama, le dio las gracias otra vez y la abrazó con fuerza.

—Te quiero, mamá. Echo de menos a papá pero a ti te quiero mucho.

—Eres un muchacho extraordinario y te quiero, Jamie. Yo también echo de menos a papá, pero creo que si te hubiera visto hoy estaría realmente orgulloso de ti.

—Eso creo yo —dijo Jamie con un bostezo.

Liz le acarició la espalda durante un minuto mientras el pequeño se tumbaba de lado. Se quedó dormido antes de que ella abandonara el dormitorio, para ir hacia su habitación aún con la sonrisa en los labios. Peter había salido, se había llevado a Megan al cine. Rachel y Annie estaban viendo un vídeo y ella se dirigió en silencio a su propio dormitorio, pensando en su marido.

—Lo hemos conseguido —susurró en la oscuridad. Y, mientras daba una ojeada a la habitación vacía, podía sentirlo. Era una presencia, una fuerza y un amor que no se olvidaban fácilmente—. Gracias —añadió flojito al abrir la luz, aunque ya no esperaba volver a verlo, ni que algún día apareciera de nuevo. Sabía, sin embargo, que lo que Jack le había dejado tenía un valor infinito.

6

Se marcharon a Tahoe tres días después de las Olimpiadas Especiales. Jamie seguía animado, al igual que los demás. Un antiguo amigo de Jack les había prestado la casa que tenía en Homewood, una vieja casona llena de recovecos en la que ya habían estado en otra ocasión. A su esposa no le gustaba Tahoe, sus hijos ya eran mayores y ellos la utilizaban muy poco. En cambio para Liz y los niños era perfecta. Tenía un amplio porche cubierto y desde casi todas las habitaciones se veía el lago. El edificio estaba rodeado por dos hectáreas de terreno, con unos inmensos y frondosos árboles. Cuando llegaron a su destino, todo el mundo estaba de buen humor.

Peter y las niñas ayudaron a Liz a llevar el equipaje dentro y Jamie se ocupó de entrar las provisiones y de ayudar a sacar las cosas de las cajas. Carole se había ido a pasar una semana con su hermana en Santa Barbara.

—¿Quién se apunta a un baño? —sugirió Peter enseguida.

Media hora más tarde todos saltaban al agua desde el muelle cercano a la casa y se estremecían al entrar en contacto con el agua fría. De todas formas, aquello formaba parte del juego, y Liz había dispuesto una sesión de esquí acuático para la mañana siguiente.

Aquella noche ella les preparó la cena y Peter la ayudó con la parrilla. Su padre le había enseñado a utilizarla. Se sentaron todos junto al fuego, contando historias mientras asaban malvaviscos. De pronto, Annie contó algo divertido sobre su padre. Liz la escuchó sonriendo y aquello le recordó otra época y otra historia. Al terminar, todos rieron, y entonces Rachel rememoró aquella ocasión en la que papá se había quedado accidentalmente encerrado en una casita que habían alquilado y tuvo que salir saltando por la ventana. Al cabo de un rato, aquello se había convertido en un concurso sobre quién recordaba la anécdota más tonta. Era una forma de hacer revivir al padre en unos momentos en los que todos podían soportarlo. Los meses pasados habían amortiguado el dolor y convertido poco a poco las lágrimas en risas otra vez.

Cuando por fin subieron todos a acostarse, Liz pensó que no se había sentido tan bien desde hacía meses. Continuaba echándole de menos, pero ella ya no estaba triste y a sus hijos les hacía felices estar allí. Eran unas vacaciones que todos necesitaban, y se alegraba de que Peter se las hubiera arreglado para conseguir unos días libres e ir con ellos. Estaban tan contentos con él en la clínica veterinaria que le habían concedido una semana diciéndole que disfrutara de ella.

Después de la sesión de esquí náutico de la mañana siguiente, Peter se llevó a Rachel y a Jamie a pescar al río que pasaba por detrás de la casa y regresaron con un pez. Al día siguiente salieron con el bote que estaba amarrado al muelle y Peter y Jamie pescaron unos peces más y Megan uno muy grande. Se dedicaron a buscar cangrejos de río cerca del muelle y Liz se los preparó para la cena. Estaban pasando unos días fantásticos, incluso una noche durmieron todos en el porche con sacos de dormir mirando las estrellas. Unas vacaciones perfectas.

Cuando tuvieron que hacer las maletas al final de la semana, todos se sentían tristes e hicieron prometer a su madre que volverían allí unos días antes de que se acabara el verano. Liz pensó que podía pedir de nuevo la casa prestada el primer fin de semana de septiembre, coincidiendo con el día del Trabajo. Sería una forma de evitar la fiesta que solían dar todos los años por aquella fecha. Además de la comida al aire libre del Cuatro de Julio, este año habían decidido anular la fiesta familiar del día del Trabajo. Pasar tres días junto al lago Tahoe resultaría un cambio ideal.

Estaban todos relajados y felices en el viaje de vuelta. Por el camino pararon en Ikeda, en Auburn, a tomar hamburguesas y unos batidos.

—No soporto tener que volver al trabajo —confesó Liz a su hijo mayor mientras terminaban sus bebidas—. Lo hemos pasado tan bien que me gustaría poder dedicar el resto del verano a holgazanear.

—¿Por qué no te tomas más días de vacaciones, mamá? —le sugirió él.

Liz negó con la cabeza. Ya se imaginaba el montón de trabajo que le esperaba en el despacho, aparte de las comparecencias que tenía programadas durante el mes y un juicio que debía preparar para principios de septiembre.

—Estoy desbordada.

—Trabajas demasiado, mamá. —Los dos sabían que lo que ella intentaba era asumir su propia carga y la de Jack—. ¿Por qué no contratas a otro abogado para que te ayude?

—Ya he pensado en ello, pero no sé por qué tengo la impresión que a tu padre no le hubiera gustado.

—Tampoco hubiera querido ver cómo te matas trabajando.

Jack siempre había sabido divertirse y, a pesar de que trabajaba de forma compulsiva, nadie disfrutaba tanto de las vacaciones como él. Le habría encantado la semana que acababan de pasar en el lago Tahoe.

—Ya veremos. Puede que dentro de unos meses encuentre un socio. Pero por el momento me las compondré sola.

A condición de que nunca hiciera una pausa para leer un libro o una revista, para ir a comer con alguna amistad o para ir a la peluquería; a condición de consagrarse al trabajo hasta el último instante que no pasaba con los niños, las cosas funcionarían bien, pero aquello tampoco era vida para ella y Liz lo sabía. De la misma forma que lo sabían sus hijos.

—No esperes eternamente, mamá —le advirtió Peter antes de ir en busca de los demás, que estaban comprando golosinas y las llevaban al coche en grandes bolsas. Aquello formaba parte del encanto de Ikeda, una de sus paradas preferidas de camino a Tahoe para esquiar en invierno.

Cuando llegaron a casa, Carole ya estaba allí y Liz pensó que a la mujer le esperaban unas semanas muy atareadas antes de que los niños volvieran a la escuela. Peter seguiría trabajando otra semana o quince días en la clínica veterinaria, pero el resto pasaría el día en la piscina e invitando a amigos que les acompañaran. Carole tendría que preparar comida para media docena o más todos los días y a veces cena para unos doce. De todas formas, a Liz la tranquilizaba saber dónde estaban sus hijos y que estos invitaran a sus amigos a casa.

Carole les había preparado una cena deliciosa, y aquella noche, cuando subieron a acostarse, todos se sentían felices de haber vuelto a casa. Liz estaba aún relajada a la mañana siguiente cuando salió para el trabajo. Sin embargo, la tranquilidad le duró unos diez minutos. Los montones de papeles y expedientes del despacho se habían multiplicado de forma espectacular en su ausencia y encontró más mensajes telefónicos que nunca esperando respuesta. En realidad, cada día se reconocía más su trabajo y constantemente le llegaban nuevos casos de parte de otros clientes o bufetes. Todo aquello le recordó lo que le había comentado Peter sobre contratar a alguien que pudiera ayudarla.

Aquella tarde se lo comentó a Jean mientras organizaban el trabajo pendiente y Liz le dictaba unos informes.

—¿Tienes a alguien en mente? —le preguntó Jean con interés. Ella misma se había planteado aquello durante un tiempo y se alegraba de que Peter hubiera abordado el tema.

—Todavía no —admitió Liz—. Ni siquiera sé si me apetece.

—Pues tendrías que pensarlo. Peter tiene razón. No pue des hacerlo todo tú sola. Es demasiado trabajo para una perso na. Ya casi era excesivo antes de que Jack muriera, y durante los últimos seis meses el bufete ha prosperado. No sé si tú te has dado cuenta pero yo sí. Llevas el doble de casos que en la época en que erais dos para resolverlos.

—¿Cómo es posible? —Liz se quedó sorprendida al reconocer lo que le estaba planteando Jean.

—Haces muy bien tu trabajo, esa es la explicación —respondió Jean sonriendo.

—Jack también lo hacía —se apresuró Liz a defenderlo—. Siempre he pensado que era mejor abogado que yo.

—Yo diría que no —dijo Jean con sinceridad—, y además él rechazaba muchos más casos que tú. Tú nunca tienes valor para decir que no a nadie. Cuando a él no le gustaba un caso, se lo quitaba de encima rápidamente y se lo pasaba a otro.

—Quizá yo también tendría que hacerlo —respondió Liz, pensativa.

—No sé si serás capaz de ello —comentó Jean, quien la conocía bien y sabía que Liz era muy concienzuda.

—Yo tampoco —respondió ella riendo.

Siguieron con el informe que le estaba dictando. Tenía que mandar otros a diferentes jueces y abogados referentes a los casos en que estaba trabajando.

Eran ya casi las ocho cuando llegó a casa aquella noche: el precio que pagaba por las vacaciones. Los niños seguían en la piscina y Carole les servía pizza.

—¿Qué tal, chicos? —les saludó Liz con una sonrisa.

Le alegró ver que Peter estaba ahí, pero su alegría se enturbió al ver que dos de sus amigos se sumergían en la piscina y jugaban con muy poca delicadeza con los más pequeños. Les dijo que se moderaran un poco, y a Peter que les comentara que anduvieran con más cuidado.

—Alguien se hará daño —dijo en voz baja a Carole, quien le dio la razón añadiendo que se había pasado la tarde diciendo lo mismo a los amigos de Megan. Liz sufría sobre todo por Jamie, que no era un excelente nadador.

Y sacó de nuevo el tema aquella noche cuando se hubieron marchado los amigos.

—No quiero accidentes aquí... ¡ni demandas!

—Te preocupas demasiado, mamá —dijo Annie quitando importancia al asunto.

Sin embargo, Liz le respondió que lo decía en serio. Al día siguiente se lo repitió por la mañana, al irse a trabajar, y cuando volvió aquella noche le pareció que todo estaba más tranquilo. Pero el jueves, al regresar a casa, vio a Peter y a unos cuantos amigos que se lanzaban unos a otros a la piscina, sin ninguna precaución, sin fijarse en que los pequeños estaban dentro. Entonces dijo a Peter claramente que si sus amigos no seguían las normas básicas de seguridad y no respetaban a los menores no podrían bañarse en aquella piscina.

—No quiero tener que repetírtelo —dijo con resolución.

—Pareces cansada, mamá —respondió Peter, cariñoso.

—Estoy cansada, pero esa no es la cuestión. No quiero un accidente aquí. Se acabó el desmadre en la piscina, Peter, y lo digo muy en serio.

—De acuerdo, mamá.

Durante aquel año Peter había madurado mucho, pero no del todo. Seguía siendo joven y tenía unos amigos muy lanzados, lo que inquietaba bastante a su madre. Si alguien se hacía daño en su casa tendría un problema añadido, ya habían sufrido suficiente últimamente y no le daba miedo comentárselo a su hijo ni a los amigos de él.

Subió a su habitación a trabajar, pues al día siguiente tenía una comparecencia a primera hora. Estaba cansada, con los nervios a flor de piel y tenía intención de acostarse pronto.

Al día siguiente, mientras salía de la sala, hacia el mediodía, la llamaron por el móvil. Era Carole, quien le hablaba con voz tranquila y con los términos precisos. Liz se detuvo en la escalera.

—Tendría que venir inmediatamente —le dijo la asistenta.

Liz se estremeció. Aquella mujer solo le hablaba así cuando uno de los niños se había hecho daño o se había producido un problema serio.

—¿Qué ha ocurrido? ¿Alguien se ha hecho daño?

Pero antes de que Carole respondiera, ella lo había adivinado.

—Es Peter. Hoy tenía el día libre y ha invitado a unos amigos...

Liz la interrumpió con un tono agudo que a ella misma le pareció extraño, era el fruto de la tensión de la última época.

—¿Qué ha pasado? —exclamó.

—Aún no lo sabemos. Creo que se ha hecho daño en la cabeza al lanzarse a la piscina. Ahora ha llegado la ambulancia.

—¿Está sangrando?

A Liz le vino a la cabeza la imagen de Jack en su despacho, tendido en medio de un charco de sangre. A partir de entonces, para ella todo lo que implicara sangre significaba catástrofe.

—No —dijo Carole con una tranquilidad que en realidad no sentía. Lo que más odiaba en el mundo era tener que comunicarle aquella noticia, pero no tenía más remedio que hacerlo—. Está inconsciente. —No se vio con ánimo de decirle que tal vez se había roto el cuello. Nadie sabía nada de momento—. Ahora se lo llevan al Marin General. Allí lo encontrará, Liz. Lo siento mucho.

—¿Cómo están los demás? —Se lo preguntaba corriendo ya hacia el coche.

—El único que se ha hecho daño es Peter.

—¿Se pondrá bien?

Nadie lo sabía de momento. Había llegado un equipo médico y Liz oyó el sonido de las sirenas al ponerse la ambulancia en marcha mientras ella hacía aquella pregunta.

—Creo que sí. No tengo mucha información. Yo los estaba viendo. Les he dicho...

Carole empezó a sollozar al decir aquello, y Liz se metió en el coche y dio por finalizada la conversación al arrancar. Rezaba para que todo se solucionara. Su hijo tenía que ponerse bien. No podían vivir otra catástrofe, o peor aún, otra pérdida. Ella no lo soportaría. Siguió hacia el hospital apretando el acelerador aunque sin saltarse ningún semáforo ni embestir a ningún peatón, y llegó al aparcamiento poco después de que Peter entrara en urgencias. Lo pasaron directamente a traumatología, adonde dirigieron a Liz en cuanto llegó a recepción.

Corría por los pasillos en busca de su hijo y lo vio nada más llegar al departamento. Peter tenía la piel húmeda, con un tono grisáceo; le administraban oxígeno y trabajaban a su alrededor con gran frenesí. Comoquiera que estaban demasiado ocupados para informarla, una enfermera le resumió un poco lo sucedido. Tenía una grave lesión en la cabeza y probablemente fractura de alguna vértebra. Iban a hacerle unas placas en cuanto pudieran y estaban procediendo ya a abrirle unas vías y colocarle unos monitores.

—¿Saldrá de esta? —preguntó Liz sin quitar la vista de encima de su hijo, mientras una oleada de pánico se apoderaba de ella. Le veía aspecto de moribundo y no sabía si su impresión correspondía a la realidad.

—Aún no lo sabemos —le respondió la enfermera con sinceridad—. En cuanto le hayan examinado, un médico la informará.

Liz tenía ganas de tocar a su hijo, de hablarle, pero ni siquiera podía acercarse a él. Tenía que seguir allí donde estaba y combatir su propio pánico. Trajeron un aparato de rayos X, le cortaron el bañador y lo dejaron desnudo sobre la camilla.

Le hicieron placas de la cabeza y el cuello, y pareció que examinaban todas las partes de su cuerpo mientras su madre seguía esperando. Lo miraba con lágrimas en los ojos, y tenía la impresión de que había pasado una eternidad cuando se le acercó un médico con bata verde. Llevaba un estetoscopio colgado del cuello y le explicó la situación con aire grave. Era un hombre alto, de ojos oscuros y mirada adusta, pero con unas sienes plateadas que hicieron pensar a Liz que sabía lo que llevaba entre manos.

—¿Cómo está? —preguntó ella, desesperada.

—No muy bien por el momento. Aún no sabemos si la herida es muy grave ni las consecuencias que puede tener. Las posibilidades son infinitas. Se ha producido un edema interno. En unos minutos le practicaremos un electroencefalograma y lo pasaremos por el escáner. Casi todo dependerá del tiempo que tarde en volver en sí. Creo que con lo del cuello ha tenido suerte. Cuando ha llegado pensaba que lo tenía roto, pero ahora creo que no. Dentro de poco tendremos los resultados de los rayos X.

Aquel médico había visto cómo muchos jóvenes de la edad de Peter acababan tetrapléjicos después de un accidente en una piscina, sobre todo adolescentes muy lanzados que se tiraban al agua sin cautela. Pero le parecía que Peter había tenido suerte. No presentaba parálisis en las extremidades y, según todos los indicios, la movilidad no estaba afectada. En principio, presentaba una pequeña fisura, lo que confirmaron cinco minutos después las radiografías, así como una fractura en la cuarta vértebra cervical, aunque no afectaba la médula. Iban a concentrarse inmediatamente en las heridas de la cabeza.

Antes de que se lo llevaran, Liz pudo acercarse un instante a él y tocarle la mano. Solo se le ocurrió decirle: «Te quiero», pero Peter seguía inconsciente y no la oyó.

Pasó casi una hora antes de que lo volvieran a traer, tenía aún un color grisáceo y el doctor que fue a informar a Liz parecía preocupado. Para entonces ella se había enterado ya de que se trataba de Bill Webster, jefe del servicio de traumatología.

—Su hijo tiene una conmoción cerebral aguda, señora Sutherland. Y un edema considerable. De momento no podemos hacer más que esperar, y si el edema empeora, habrá que abrir.

—¿Se refiere a operar el cerebro? —Quedó horrorizada ante el gesto de asentimiento de él—. ¿Podrá... puede...? —El pánico ni siquiera le dejaba articular la frase.

—Aún no lo sabemos. Hay que tener en cuenta muchos factores. Vamos a dejarlo inmóvil un tiempo para ver qué ocurre.

—¿Puedo quedarme aquí con él?

—Sí, mientras no estorbe en nuestro trabajo ni intente moverlo. Tiene que permanecer inmóvil.

Le hablaba como si ella fuera la enemiga, y Liz tenía la sensación de que el enemigo era él. Aquel hombre le había mostrado una dureza y una falta de sensibilidad que la había llevado a detestarlo. Sin embargo, parecía que lo único que le interesaba era salvar a Peter y aquello, a los ojos de Liz, era un punto a su favor.

—No se preocupe, que no voy a molestar —dijo ella en voz baja.

Le indicó dónde podía sentarse, y ella colocó un taburete cerca de su hijo para poder cogerle la mano. Llevaba un monitor de oxígeno en un dedo y tenía otros esparcidos por su cuerpo que controlaban el funcionamiento del corazón y el cerebro. Como mínimo, de momento se mantenía estable.

—¿Dónde estaba usted cuando ha ocurrido esto? —le preguntó el médico con aire acusador, y a Liz le entraron ganas de darle una bofetada.

—En un juicio, soy abogada. Mi asistenta estaba en la piscina con ellos, pero imagino que la cosa se le ha ido de las manos.

—Eso parece —dijo él, escueto, antes de ir a hablar con un residente y otro médico. A los cinco minutos volvió y le explicó sin rodeos—: Vamos a esperar un par de horas y luego lo llevaremos arriba, a cirugía.

Liz asintió y siguió allí sentada con la mano de Peter entre las suyas.

—¿Me oirá si le hablo?

—Es poco probable —respondió él mirándola mientras fruncía el ceño. Se dio cuenta de que estaba pálida como su hijo pero también que tenían el mismo tipo de piel y el pelo rojizo—. ¿Se encuentra bien? —preguntó. Ella asintió—. Aquí no podremos ocuparnos de usted si se desmaya. Si cree que no podrá aguantar, váyase a la sala de espera y la llamaremos si hay alguna novedad.

—No pienso ir a ninguna parte —respondió Liz con firmeza.

Había vivido ocho meses después de la muerte de Jack y nunca se había desmayado. No soportaba la forma en que aquel hombre se dirigía a ella, pero una de las enfermeras le había dicho que era una eminencia y ella estaba dispuesta a creérselo, aunque sus modales fueran tan bruscos. Aquel hombre estaba acostumbrado a abordar situaciones entre la vida y la muerte y su objetivo era el de salvar vidas y no el de atender a los familiares. Solo le faltaba tener que preocuparse por otros aparte de sus pacientes. Se alejó de nuevo para ir a avisar a un neurocirujano de que estuviera dispuesto por si le necesitaba. Una enfermera preguntó a Liz si le apetecía un café.

—No, gracias. Estoy bien —respondió en un susurro, aunque quedaba claro que no era cierto.

Su expresión reflejaba el desespero que vivía, ponía de manifiesto que estaba tan preocupada por su hijo como en otra ocasión lo estuvo por su marido. Esta vez, sin embargo, tenía una cosa clara: no podía perder. Le resultaba insoportable la idea, y cada vez que esta asomaba a su mente se inclinaba hacia Peter y le decía con dulzura:

—Vamos, Peter... Despierta... Háblame... Soy mamá... Abre los ojos... Háblame... Es mamá, cariño... Te quiero... Despierta...

Era como un mantra que repetía una y otra vez, rezando para que, estuviera donde estuviese, en los lugares más recónditos del inconsciente, Peter la oyera.

Eran las dos y media, y a las cuatro, sin haber cambiado nada, apareció de nuevo el médico para hablar con ella. Dejarían otra hora a Peter para ver si recuperaba el conocimiento; entonces tomarían una decisión. Liz le escuchaba moviendo la cabeza con gesto afirmativo. Desde su llegada al hospital, Peter no había movido ni un dedo, pero el médico y ella coincidieron en que había cambiado un poco su color. El de Liz, por el contrario, no se había alterado, pensó el doctor Webster, aunque no hizo ningún comentario. Se la veía muy angustiada. Precisamente por ello, el hombre suavizó un poco el tono. Le preguntó si había llamado al padre del muchacho, pero ella negó con la cabeza sin darle más explicaciones.

—Tal vez debería hacerlo —dijo él con cierta cautela. Algo en la mirada de Liz le decía que había vivido o un divorcio traumático o una situación difícil—. Su hijo aún no está fuera de peligro.

—Su padre murió hace ocho meses —dijo ella por fin—. No tengo a nadie más a quien avisar.

Había llamado ya a casa para decir que Peter seguía vivo y que no volvería a telefonear hasta que no tuviera más noticias sobre su estado. Parecía estar más tranquila de lo que en realidad estaba. Sabía que solo le quedaba rezar para que el joven no corriera la misma suerte que su padre. Pedía que aquel médico consiguiera evitarlo.

—Lo siento —dijo este y desapareció de nuevo.

Liz fijó de nuevo la mirada en su hijo y, pese a que hubiera preferido morir que admitirlo ante nadie, empezaba a notar que todo le daba vueltas. Todo aquello era demasiado duro, demasiado terrible, demasiado aterrador. No podía perder a Peter. No podía. No iba a permitir que les abandonara. Bajó tanto como pudo la cabeza, se sintió un poco mejor y empezó a hablar otra vez suavemente con Peter. Como si el muchacho hubiera oído sus plegarias, se movió ligeramente e intentó volver la cabeza, pero llevaba puesto un collarín y no pudo. No había abierto los ojos. Entonces Liz le habló en un tono más fuerte, animándolo a abrir los ojos, a responderle, a parpadear si la oía, a estrecharle la mano, mover un dedo del pie, lo que fuera. Pero durante mucho rato Peter no respondió; por fin soltó un suave gemido, aunque nadie hubiera podido asegurar si se trataba de algo inconsciente o de la respuesta a lo que ella le pedía. Al oírlo, una enfermera corrió hacia allí. Comprobó de nuevo las constantes vitales, observó los monitores y se fue en busca del médico. Liz no sabía si aquello era una buena señal, pero siguió hablando con él, suplicándole que la escuchara. En el preciso instante en que llegaba el médico, Peter gimió de nuevo, y en esta ocasión se produjo un leve parpadeo mientras Liz le miraba con una mezcla de esperanza y terror.

—Mmmaaammm... —dijo emitiendo un largo y desesperado sonido, pero ella había identificado la palabra al igual que Bill Webster. Peter había dicho «Mamá», haciendo un esfuerzo atroz. A Liz se le nublaron los ojos al acercarse más a su hijo para decirle lo mucho que le quería. Cuando levantó la vista hacia el médico constató con sorpresa que este sonreía.

—Vamos por buen camino. Siga hablando con él. Quisiera hacerle unas pruebas.

Los ojos de Peter se habían cerrado de nuevo, pero volvieron a abrirse a medida que ella siguió hablándole, y en esta ocasión soltó un terrible lamento al tiempo que le estrechaba la mano de forma casi imperceptible. Peter iba volviendo en sí aunque fuera milímetro a milímetro.

—Auuuuuu —exclamó, mirándola con el ceño fruncido—. Auuuuu... —repitió, y Liz volvió la cabeza hacia el médico.

—Está sufriendo —dijo a Bill Webster y este asintió.

—Seguro. Tiene que tener un dolor de cabeza espantoso. —Mientras le hablaba, inyectaba algo en la vía que tenía abierta Peter y al cabo de un momento alguien le extrajo más sangre. Apareció luego el neurocirujano—. Vamos avanzando —le dijo Bill Webster, animado. Le comentó luego los últimos movimientos y después los dos dijeron a Liz que de momento aplazaban la operación. Con un poco de suerte, si el joven seguía mejorando, tal vez no tendrían que recurrir a la cirugía. Eran las seis de la tarde y Liz no se había movido un instante del lado de Peter.

—Si quiere ir a tomar un café, nosotros nos ocuparemos de él —le dijo Webster, pero ella dijo que no con la cabeza.

No tenía intención de alejarse de Peter hasta que no hubiera mejorado su estado, aunque aquello implicara quedarse unas horas más allí. No había comido nada desde primera hora de la mañana, pero aunque se lo hubiera propuesto no habría conseguido tragar un solo bocado.

Pasó una hora más antes de que Peter articulara otro sonido, pero en esta ocasión dijo «Mamá» con más claridad. Luego, con un gemido añadió «Duele» antes de estrechar tanto como pudo la mano de su madre. Su apretón recordaba el de un bebé. No quisieron administrarle nada contra el dolor para que no entrara de nuevo en coma.

—Casa —dijo por fin mientras lo observaban los médicos.

—¿Quieres volver a casa? —le preguntó el doctor Webster mientras Peter lo miraba, y de una forma casi imperceptible asintió—. Muy bien. Nosotros también queremos que vuelvas a casa, pero antes tú y yo tendremos que hablar un poco. ¿Cómo te encuentras, Peter?

Hablaba con su paciente con mucho más cariño que con la madre de este. Liz, sin embargo, agradecía lo que hacía por su hijo.

—Fatal —dijo Peter, respondiendo a su pregunta—. Duele mucho.

—¿Qué es lo que más duele?

—La cabeza.

—¿El cuello no te duele?

Peter intentó asentir pero hizo un gesto de dolor. Quedaba claro que cualquier movimiento era un suplicio.

—¿Te duele algo más?

—No... Mamá...

—Estoy aquí, cielo. No me muevo.

—Perdón... —dijo mirándola. Ella movió la cabeza. No tenía nada de que arrepentirse—. Qué estúpido...

—Y que lo digas —respondió el doctor por ella—. Tienes suerte de no haber acabado tetrapléjico.

Luego le pidió que moviera las piernas, los brazos, las manos y los pies y Peter le obedeció, pero le costó mucho agarrar los dedos del médico. No obstante, Webster y el neurocirujano se sintieron satisfechos con los progresos. A las nueve comunicaron a Liz que iban a trasladarlo a la UCI de trauma para seguir controlándole de cerca.

—Creo que puede ir a casa a descansar un rato. Va avanzando en la dirección correcta. Puede volver mañana por la mañana.

—¿Puedo dormir aquí?

—Si lo prefiere... Dentro de poco, Peter dormirá. Si mejora algo más, podemos administrarle incluso algún sedante. A usted le conviene descansar, pues ha pasado casi todo el día aquí. —Sin querer, sentía lástima por ella. Por regla general intentaba poner una barrera entre él y sus pacientes, pero veía que Liz estaba extenuada—. ¿Tiene más hijos? —le preguntó y, tras el gesto afirmativo de ella, añadió—: Tienen que estar preocupados, sería mejor que la vieran. Peter tenía muy mal aspecto cuando ha llegado. ¿Estaban con él los otros?

—Creo que sí. Llamaré para decirles que está mejor.

Hasta entonces no había tenido ninguna noticia para tranquilizarlos.

—¿Por qué no se va un rato a su casa? Si hay algún cambio, la llamaré. —Webster parecía decidido.

—¿Usted se quedará aquí?

A Liz no le gustaba aquel hombre pero empezaba a confiar en él.

—Toda la noche y hasta mañana al mediodía. Se lo prometo.

Le sonrió, y a Liz le sorprendió constatar que cuando no la trataba con aquella desconsideración ni fruncía el ceño ante los monitores y gráficos incluso tenía un aspecto agradable.

—No me gusta tener que dejarlo —dijo ella con sinceridad.

—Le conviene descansar, y además dentro de poco vamos a trasladarlo y usted no haría más que molestar.

En realidad el tacto no era su fuerte y al darse cuenta de ello, Liz sonrió. Luego dijo a Peter que se iba a casa con los otros y que volvería pronto.

—Volveré en cuanto pueda, te lo prometo —dijo a Peter y este esbozó una leve sonrisa.

—Lo siento, mamá —repitió—. Qué estúpido...

—Has tenido mucha suerte. Te quiero. Cúrate rápido.

—Dile a Jamie que estoy bien —dijo haciendo un esfuerzo titánico y al tiempo demostrando un gran progreso. Era la frase más larga que había pronunciado desde el despertar.

—Lo haré. Hasta luego.

—Estoy bien.

Intentaba tranquilizarla y aquello era buena señal. Había recuperado el conocimiento y no solamente se daba cuenta de lo que le rodeaba sino también de las sutiles implicaciones de lo que había ocurrido. Liz no podía ni pensar qué habría sido de ella si su hijo siguiera en coma o peor, si no hubiera sobrevivido. No soportaba la idea.

—Cuando vuelva quiero verte corriendo por el pasillo. ¿Vale?

Peter le sonrió y ella, después de darle un beso, se fue hacia el pasillo y el médico la siguió.

—Ha tenido mucha suerte —le dijo impresionado por la entereza de Liz, quien no había flaqueado ni un instante—. Durante un buen rato he estado convencido de que no lograríamos salvarle sin una intervención quirúrgica, y en todo caso nunca pensé que mejorara con tanta rapidez. Es joven, tiene buena salud y, quién sabe, tal vez usted haya sido decisiva hablándole como lo ha hecho.

—No sé, pero doy gracias a Dios de que haya recuperado el conocimiento —respondió ella y notó que las piernas le flaqueaban al pensar en lo que había vivido aquel día.

—Imagino que se quedará aquí un par de semanas, de modo que debería dosificar su energía. Vuelva por la mañana y verá que él está mejor.

—Preferiría quedarme aquí. De todas formas, pasaré por casa para ver cómo está el resto y volveré en un par de horas.

—¿Cuántos hijos tiene?

Aquella mujer le intrigaba. No sabía quién era ni de dónde salía, pero tenía claro que era una madre extraordinaria y que amaba muchísimo a su hijo.

—Cinco —le contestó—. Peter es el mayor.

—Deje su número de teléfono en el mostrador y yo la llamaré si hay algún cambio. Y en caso de que una vez en casa decida quedarse, no se sienta culpable. Sus otros hijos pueden estar afectados, sobre todo si han visto el accidente. ¿Qué edad tiene el más pequeño?

—Diez. Las chicas, once, trece y catorce.

—Realmente ya tiene en qué entretenerse.

—Todos son muy buenos —respondió.

Bill Webster iba a comentar que tenían una buena madre pero no lo hizo. Se fue de nuevo a controlar el estado de Peter y ella se marchó. Cuando Liz llegó a casa habían dado ya las nueve, pero sus hijos aún no se habían acostado. Las niñas estaban llorando en la cocina y a Jamie, en el regazo de Carole, se le veía pálido y agotado. Tenían el aspecto de unos huérfanos de guerra, y en cuanto la oyeron llegar se precipitaron hacia la puerta intentado adivinar por su expresión lo que sucedía. Liz sonrió a pesar de encontrarse muy cansada.

—Se pondrá bien. Tiene una terrible conmoción cerebral y una pequeña fisura en una vértebra del cuello, pero todo se arreglará. Tiene mucha suerte.

—¿Podemos verle? —exclamaron todos a coro.

—Todavía no —dijo Liz, mientras Carole le servía un

plato de pastel de carne que había sobrado de la cena, pero ella se vio incapaz de probar bocado.

—¿Cuándo volverá? —preguntó Megan, preocupada.

—Como mínimo se quedará allí quince días, y tal vez más. Dependerá de la rapidez de la recuperación.

Querían saberlo todo, pero ella les ahorró la angustia vivida aquella tarde. Lo único que tenían que saber era que había sobrevivido. Permanecieron allí sentados juntos cerca de una hora y cuando subieron a acostarse, Carole le explicó cuánto lo sentía. Se consideraba responsable de lo sucedido.

—No diga tonterías —saltó Liz, ya excesivamente cansada para seguir conversando y sobre todo para disipar su sentimiento de culpabilidad, aunque era consciente de que la mujer merecía que la tranquilizara—. Es imposible controlarlo todo. Está claro que han exagerado en las proezas. Peter ha tenido mucha suerte de sobrevivir y no quedar paralítico.

—¡Dios mío! —exclamó Carole mientras las lágrimas rodaban por sus mejillas y sacaba el pañuelo—. ¿Es cierto que se pondrá bien?

—Eso creen los médicos. Hace tan solo un par de horas que ha recuperado el conocimiento, pero ahora ya habla. Durante un tiempo, pensé que... —ni siquiera podía decirlo. Carole asintió con los ojos inundados. Ella había tenido el mismo pensamiento y, durante todo el día, sin noticias, había temido lo peor. En realidad habían estado cerca de ello—. Me voy otra vez para allá. Subiré a preparar algunas cosas.

—¿Por qué no duerme aquí? Parece agotada, y le convendría descansar si mañana tiene que estar con él.

—Eso es lo que me ha dicho el médico, pero quiero pasar la noche con Peter. Aunque tenga diecisiete años, esto tiene que asustarle mucho, aparte de que la conmoción le provoca un gran dolor.

—¡Pobrecito! ¡Qué triste acabar el verano así! ¿Cree que podrá empezar los estudios en septiembre?

—Aún no lo sabemos.

En realidad, los estudios era lo que menos preocupaba a Liz. Había pasado una tarde tan terrible que tenía la sensación de que un tren se le había echado encima, y al constatar su expresión, a Carole se le encogió el alma.

Subió despacio, entró en la habitación de Jamie para darle un beso de buenas noches pero lo encontró profundamente dormido. Las chicas también se habían acostado. La casa estaba curiosamente silenciosa sin Peter. Se metió en su dormitorio y se sentó en la cama. Iba a prepararse una bolsa pero de repente comprobó que era incapaz de moverse. No podía quitarse de la cabeza lo que había estado a punto de ocurrir y empezó a sollozar de alivio. Eran más de las once cuando preparó por fin sus cosas y habían dado ya las doce cuando volvió al hospital. Se había retrasado un poco porque llamó a su madre, quien quedó horrorizada al enterarse del accidente de Peter.

—¡Dios mío! ¿Se pondrá bien? —preguntó con voz entrecortada, pero Liz la tranquilizó y le prometió que en cuanto Peter se sintiera algo mejor la llamaría.

Peter estaba despierto cuando ella llegó al hospital. Seguía mejorando poco a poco. En efecto, cuando entró en la UCI lo encontró hablando con una de las enfermeras.

—Hola, mamá —exclamó en cuanto la vio—. ¿Cómo está Jamie?

—Muy bien. Recuerdos de todos. Querían venir a verte ahora mismo y yo les he dicho que esperen un poco.

La enfermera le preparó una cama en un extremo de la sala de espera y Liz se tumbó en ella sin quitarse el chándal que se había puesto en casa y luego se cubrió con una manta. Le habían dicho que la despertarían si Peter la necesitaba o empeoraba, aunque opinaban que lo más seguro era que no se produjera problema alguno. Sus constantes vitales seguían bien y hablaba con mucha energía.

Liz estaba a punto de dormirse cuando vio que entraba Bill Webster. Se incorporó presa de pánico, con el corazón desbocado. Se había cambiado la bata verde y llevaba otra gris, un uniforme realmente poco atractivo.

—¿Qué ha ocurrido?

—Nada. Peter está bien. No tenía intención de asustarla. Quería ver si usted necesitaba algo... para dormir tal vez...

Parecía dudar, y Liz se dio cuenta de aquella solicitud y agradeció lo que había hecho y estaba haciendo por Peter.

—Estoy bien, muchas gracias —dijo relajándose de nuevo—. Le agradezco todo lo que ha hecho. Creo que voy a dormir sin problemas.

Se la veía muy cansada, pero a Webster no le sorprendía, pues sabía que había pasado una tarde muy dura.

—Me alegra ver cómo avanza —dijo el médico con aire sincero.

—Y a mí. De no haber sido así, no sé si lo habríamos podido soportar.

—¿Estuvo mucho tiempo enfermo su marido? —preguntó él, imaginándose, por alguna razón, que había muerto de cáncer.

Liz negó con la cabeza.

—Lo mató de un tiro el marido de una de nuestras clientes el día de Navidad.

Él recordó el caso y movió la cabeza asintiendo. No se le ocurrió qué podía decirle, pues imaginaba el suplicio pasado.

—Lo siento —dijo—. Recuerdo haber leído la noticia.

Un momento después apagó la luz de la sala de espera y se marchó. ¿Quién no admiraría a una mujer así? Después de lo sucedido, aún era capaz de ir de acá para allá, razonar con la máxima coherencia, cuidar de sus hijos y trabajar. Entró a ver a Peter y sonrió al verle. Aquella noche había sido un regalo para su madre, un regalo merecido. Mucho más de lo que podía imaginar Bill Webster. Con lo que había visto, de todas formas, era suficiente. El muchacho iba mejorando. Se dirigió luego a su despacho para firmar unos papeles. Le gustaban los días como aquel, días en los que uno ganaba en lugar de perder. En aquellos momentos era cuando se sentía satisfecho de haber escogido su profesión. Por una vez, el destino había hecho justicia con su paciente. Se sentó en la butaca y cerró los ojos un minuto. Los abrió de nuevo y estampó su firma en los papeles. Le esperaba una larga noche pero le daba igual. Todo había funcionado hasta entonces y se sentía feliz.

7

Liz durmió de manera intermitente en la sala de estar en la que la había dejado Bill Webster y se encontraba junto a su hijo antes de que este se despertara. Cuando Peter abrió los ojos tenía un dolor de cabeza terrible, se quejaba del aparato ortopédico y de las molestias en la nuca.

El doctor Webster fue a verle a las seis de la mañana, tal como había hecho durante la noche a cada hora. Le pareció que todo estaba en orden. Pasó también el neurocirujano, quien pareció satisfecho de la situación y comentó a Liz que su hijo había tenido muchísima suerte.

Ella ayudó a las enfermeras a bañarlo y a darle la dieta líquida que se le había estipulado y, a primera hora de la tarde, decidió ir un rato a casa. Allí todos estaban inquietos por Peter, las niñas tenían un millón de preguntas por hacerle, pero desde el momento en que puso los pies en su casa se dio cuenta de que Jamie no estaba por allí. Preguntó a Carole dónde estaba y esta le respondió que no lo había visto desde la hora del desayuno. Liz empezó a buscarlo por todas partes y finalmente lo encontró sentado en silencio en un rincón de su dormitorio.

—Hola, angelito, ¿qué haces aquí solo? —Estaba preocupada por él, y su inquietud fue en aumento cuando vio la expresión desencajada del pequeño. Aquella imagen le encogió el alma. Se sentó a su lado en el suelo, cogiéndole la mano—. Peter te manda un beso. Intentará volver pronto a casa.

Pero Jamie se limitó a negar con la cabeza mientras dos lágrimas descendían lentamente por sus mejillas y saltaban a su regazo.

—No es verdad. Está muerto, como papá. Esta noche lo he soñado.

—Mírame —le dijo Liz, volviendo con suavidad su rostro hacia ella y mirándole a los ojos—. Yo no te miento, Jamie. Peter se pondrá bien. Se ha hecho daño en el cuello, lleva un aparato ortopédico y tiene muchísimo dolor de cabeza. Pero yo te prometo que volverá.

Se hizo un largo silencio durante el cual el pequeño la miraba fijamente.

—¿Puedo ir a verlo?

Liz pensó que con tantos tubos, con los monitores parpadeando y sonando vería una imagen que podía asustarle, aunque por otro lado imaginó que sería bueno para él constatar que su hermano estaba vivo.

—Si crees que debes ir... Pero está rodeado de unas máquinas que hacen extraños ruidos y tiene unos tubos conectados a los brazos.

—¿Qué tipo de tubos? —preguntó Jamie, con más curiosidad que miedo.

—Como pajitas de esas de plástico. —Pensó que era una imagen bastante aproximada.

—¿Me dejarán entrar a verle?

En principio no se permitía la entrada a los niños en la UCI, pero Liz decidió explicar la situación a Bill Webster, ya que él mismo le había dicho que estaba de guardia y ella había prometido a Peter pasar la noche cerca de él.

—Voy a preguntarlo —le prometió ella y luego lo abrazó con gran ternura—. Te quiero, Jamie. Todo saldrá bien, ya lo verás.

—¿Me prometes que no se irá como papá?

—Te lo prometo —dijo ella, reprimiendo las lágrimas. Aquello seguía siendo duro para todos y no solo para ella.

—¿Me lo juras? —preguntó el niño levantando su meñique para que ella se lo enlazara en señal de solemne promesa.

—Te lo juro. Esta noche, cuando vea al médico, le pediré permiso. ¿Por qué no llamamos a Peter esta tarde para que puedas hablar con él?

A Jamie se le iluminaron los ojos.

—¿Podré hacerlo?

—Claro —dijo ella, y enseguida se dio cuenta de que aquello también tranquilizaría a las chicas.

Bajaron los dos y, junto con ellas, Liz marcó el número del hospital y preguntó por la UCI de traumatología.

Llevaron un teléfono inalámbrico a Peter quien, pese a responder con una voz ronca y débil, se expresó con bastante normalidad, les prometió volver a casa en cuanto pudiera y pidió a sus hermanas que se portaran bien durante su ausencia. Luego advirtió a Jamie de que tuviera cuidado en la piscina, pues lo que había hecho él era una estupidez y no tenía que imitarle nunca.

—Os echo de menos a todos —dijo, en un tono otra vez infantil, y a Liz, que lo escuchaba desde otro auricular, se le inundaron los ojos—. Volveré en cuanto pueda.

—Mamá dice que preguntará si puedo ir a verte —dijo Jamie con orgullo; Peter pareció complacido con la idea.

Luego habló Liz para decir a su hijo que iría más tarde, que si se encontraba bien, a ella le gustaría cenar con los pequeños.

—Perfecto, mamá. ¿Puedes traerme algo de comida?

—¿De qué tipo?

Seguía con dieta líquida y hablaban de darle una ración de gelatina aquella tarde. Aquello no lo emocionaba mucho.

—Una hamburguesa con queso.

Su madre se echó a reír.

—¡Supongo que te sientes muchísimo mejor! —Sus progresos eran inmensos. El día anterior ella le suplicaba que abriera los ojos y le hablara mientras Peter estaba en otro mundo—. Creo que será mejor esperar un par de días, cariño.

—Ya me imaginaba que lo dirías —respondió él, demostrando su decepción.

—Hasta luego, hijo.

Liz volvió a donde estaban los otros y Jamie se sentó en su regazo pero ya con un aire menos triste que antes. Hablar con Peter le había sentado bien. Y cuando se fue a jugar fuera, Liz aprovechó para llamar al despacho. Según Jean, todo había transcurrido con normalidad. Había conseguido aplazar una comparecencia ante el tribunal y pasar unas cuantas citas a la semana siguiente. Sin embargo, aquello recordaba una vez más a Liz que todo el peso seguía en sus hombros. Nadie podía sustituirla, ni organizar los casos con ella, todo dependía de su trabajo. Los niños, el despacho, la catástrofe que había estado a punto de llevarse a su hijo, los estragos que hubiera acarreado una segunda pérdida... Todo implicaba un peso abrumador. Estos eran los pensamientos que tenía Liz en la cabeza aquella noche mientras volvía al hospital a ver a Peter.

Bill Webster estaba otra vez de guardia. Le sonrió cuando la vio, pero parecía desbordado de trabajo y la saludó solo de paso. Una hora después entró en la UCI a ver a Peter y hablar con ella.

—¿Cómo está nuestro paciente predilecto?

—Me ha pedido una hamburguesa con queso y yo creo que es buena señal, ¿no le parece? —le comentó Liz, apartándose de los ojos una mecha pelirroja.

Había estado haciendo masajes a Peter en los hombros; el muchacho seguía quejándose de dolor de cabeza y le habían administrado un calmante que parecía surtir algún efecto.

—¿Una hamburguesa con queso? Realmente es una buena señal. ¿Qué te parece para mañana, Peter?

—¿De verdad? —exclamó él, emocionado.

—Supongo que sí. Dentro de unos días empezaremos la rehabilitación del cuello, de modo que te irá bien reponer fuerzas, siempre que el estómago no se queje.

Aquello fue una excelente noticia para Peter, quien no soportaba la gelatina y se había negado a comérsela, al igual que aquella sopa tan aguada que le habían servido.

Bill Webster comprobó unos cuantos datos en el diagrama de Peter, estudió los distintos monitores y tomó notas antes de abandonar de nuevo la UCI. Liz lo siguió porque quería pedirle permiso para llevar a Jamie a ver a su hermano al día siguiente.

—Tengo que pedirle un favor —empezó ella con cautela.

Bill Webster iba vestido de azul aquella noche y daba la impresión de que llevaba días sin peinarse. Se había pasado la tarde atendiendo a tres niños y cinco adultos accidentados en una colisión frontal entre vehículos. Dos de los pequeños habían muerto. Había sido algo deprimente y frustrante, por ello le parecía un alivio ver los avances de Peter.

—Ya sé que los niños no pueden entrar en la UCI —prosiguió Liz, y él movió la cabeza con gesto afirmativo mostrándose algo impaciente. Consideraba que existían razones suficientes para no permitir la entrada de los niños en estas unidades: de entrada, eran fábricas de microbios y sus pacientes no estaban en el mejor estado para combatir infecciones—. Ha sido muy duro para nosotros este año, desde la muerte de su padre. —Seguía costándole pronunciar aquella palabra pero no tenía más remedio—. Y a mi hijo pequeño le ha afectado mucho lo de Peter.

—¿Qué edad tiene?

—Diez años. —Dudó un momento, sin quitarle la vista de encima, preguntándose hasta qué punto tenía que contárselo todo, pero luego decidió confiar en él. Al fin y al cabo, había salvado la vida de Peter—. Tiene problemas de aprendizaje. Fue un niño prematuro que sufrió una importante falta de oxígeno, y el que le suministraron en el parto le provocó daños irreparables. Para él, la situación es muy dura, pues ayer vio lo ocurrido y cree que Peter no volverá a casa, como su padre. Creo que sería muy importante que viera a su hermano.

Bill Webster la miró un rato en silencio y por fin asintió con la cabeza. Se daba cuenta de que tanto ella como sus hijos habían pasado una dura prueba.

—¿Puedo ayudarla en algo? —le preguntó en tono amable—. Está desbordada, ¿verdad?

Con aquel tono que empleó, a Liz se le hizo un nudo en la garganta. Se volvió un momento para recuperarse antes de responder. Le había ocurrido lo mismo que inmediatamente después de la muerte de Jack, cuando la gente se mostraba amable con ella y se quedaba sin defensas.

—Permítale ver a Peter —dijo en voz baja.

—Cuando quiera. ¿Y los demás? ¿Cómo se lo van a tomar?

La familia había recibido un duro golpe con la muerte del padre y Webster deseaba aliviarles la carga. Se dio cuenta de lo que representaba el hermano mayor para ellos y también para la madre. Aquello le dio una pista sobre la relación que había intuido que existía entre ellos el día anterior.

—Me imagino que las niñas lo comprenden, pero verle también las tranquilizaría. De todas formas no quisiera abusar... Para Jamie es muy importante.

—Tráigalo mañana por la mañana.

—Gracias —respondió ella, emocionada por lo que le había dicho, sin saber muy bien cómo agradecérselo.

Volvió al lado de Peter, permaneció allí hasta que él se durmió y luego se fue a la pequeña cama que tenía preparada en la sala de estar. La estancia estaba a oscuras pero Liz seguía despierta cuando Bill abrió la puerta. No veía si ella dormía y tampoco quería molestarla. Se quedó un momento observándola hasta que al fin se decidió:

—¿Liz? —Era la primera vez que la llamaba por su nombre de pila. Se incorporó de pronto, preocupada por Peter.

—¿Algún problema?

Puso los pies en el suelo y apartó la manta que le habían dado las enfermeras.

—No, todo está bien. Disculpe, no pretendía asustarla.

Me preguntaba si se encontraba bien... Tal vez quiera un té o algo. —En plena noche no le pareció adecuado ofrecerle un café. Él estaba trabajando pero Liz tenía que dormir—. ¿La he despertado? —le preguntó luego, sintiéndose culpable por la intromisión. Webster había estado pensando en ella y quería hablarle.

—No, estaba despierta. De un tiempo a esta parte no duermo como antes... —No terminó la frase pero con aquello bastó—. Puede que un té o algo de sopa me ayude.

Había una máquina expendedora al final del pasillo, junto a su despacho. Liz había sacado de ella sopa y té antes, pero él le sugirió tomar un té de la tetera que tenía en el despacho.

Lo siguió hasta allí y se sentó en una de las butacas con la sensación de estar sin arreglar ni peinar, pero se dio cuenta de que a él no le importaba. Por otra parte, después de trabajar toda la noche, tenía peor aspecto que ella.

—Me dijo que era abogada... ¿Cuál es su especialidad? —le preguntó, después de tomar un sorbo de café.

—Derecho civil... divorcios...

Webster asintió dando a entender que sabía de qué se trataba.

—Ya he pasado por esta experiencia, pero hace mucho tiempo. —No parecía que el tema le complaciera, aunque consiguió esbozar una fría sonrisa.

—¿Está usted divorciado? —le preguntó ella, y al ver que asentía, añadió—: ¿Hijos?

—No. No tuvimos tiempo. Cuando nos casamos, yo era residente y mi mujer estaba en prácticas. Algunos tienen hijos en estas circunstancias pero a mí siempre me ha parecido una insensatez. No quería tener hijos hasta saber que podía pasar con ellos el tiempo suficiente y disfrutar de la situación —dijo sonriendo—, y eso tal vez quiere decir a los ochenta años. —Su sonrisa era agradable y su mirada reflejaba más amabilidad de la que había sospechado Liz al principio. Durante las primeras horas le había detestado, considerándolo brusco, grosero, indiferente, pero en aquellos momentos se daba cuenta de que tenía cosas más importantes en la cabeza, como salvar vidas, y que a veces, en su práctica, cada segundo contaba y debía recabar información de los familiares con la máxima rapidez. El día anterior le había parecido duro y brusco, y en aquellos momentos lo encontraba agradable y considerado—. Llevo diez años divorciado —le dijo, proporcionándole una información que ella no había pedido, pero Liz movía a la confidencia, sus clientes siempre le contaban más detalles de los necesarios y esto a veces resultaba útil. Además, estaba descubriendo que le apetecía saber más cosas de aquel hombre.

—¿Nunca ha deseado volver a casarse? —le preguntó ella con interés.

—No, ni he tenido tiempo para ello. Creo que la primera experiencia me vacunó. Fue un divorcio bastante amargo. Ella tenía un asunto con mi jefe y a mí me costó digerirlo. En el hospital todo el mundo lo sabía menos yo, y todos me compadecían. Acabaron casándose y ahora ya tienen tres hijos. Mi ex esposa dejó la medicina sin haber terminado las prácticas. Para ella no era más que un pasatiempo. Éramos muy distintos. —Lo dejó así por no decir más.

—Mi marido y yo trabajamos juntos durante dieciocho años y nos lo pasamos muy bien todo el tiempo. Es bonito tener la misma profesión —dijo Liz con discreción, intentando no pensar mucho en Jack. Estaba cansada, se sentía débil y sabía que se pondría a llorar enseguida si Bill le hacía unas cuantas preguntas sobre su marido—. Si he de serle sincera, le diré que el derecho civil le gustaba más a él que a mí. Yo siempre me había inclinado más por las causas filantrópicas, las imposibles, la lucha por los derechos de los más desamparados. En cambio él tenía muy claro lo que reportaba beneficios, y en este caso tenía razón, pues había que mantener a cinco hijos.

—¿Y ahora? ¿Sigue con lo de los divorcios? —Liz asintió—. ¿Por qué? Podría hacer lo que quisiera.

—No exactamente —dijo ella sonriendo—. Sigo teniendo los mismos cinco hijos, sus pies han ido creciendo y los zapatos son cada día más caros. Por no hablar de la educación. Dentro de poco tendré a cuatro en la universidad. Jack tenía razón. El derecho civil es un campo muy lucrativo, aunque a veces a mí me deprime. Cuando uno se ocupa de un divorcio ve a la gente en sus peores momentos. La persona más agradable se convierte en un monstruo a la hora de vengarse del cónyuge. Por otro lado, creo que tengo el deber de continuar, por Jack. Trabajó duro para montar el bufete y yo no puedo dejarlo de un plumazo.

Bill comprendió que tampoco podía abandonar a los niños, la casa y sus responsabilidades.

—¿Alguna vez piensa que podría pasar a otro campo? —le preguntó él, intrigado.

Era una mujer inteligente, simpática y muy bonita. Transmitía una dulzura que lo seducía, aparte de que le había conmovido el amor que demostraba por su hijo.

—A veces pienso en cambiar de actividad —respondió ella—, aunque no a menudo. ¿Y usted? —Dio la vuelta a la pregunta y se lo planteó a él. Webster se sirvió más café moviendo la cabeza.

—Nunca. Me encanta este trabajo. Implica una gran tensión, tomar decisiones en una fracción de segundo y que sean las correctas... Es un gran desafío y nadie puede permitirse un error. Esto me obliga a superarme constantemente y es algo que me gusta.

—Algo así como subir al Everest todos los días... y a veces tiene que resultar frustrante.

Liz pensaba en Peter el día anterior, en la facilidad con que podían haberlo perdido. En los dos niños que no había podido salvar aquella tarde.

—Muchas veces es frustrante —reconoció Bill—. No soporto perder.

—Jack también era así —dijo ella sonriendo—. No es que a

mí me encante perder, pero él se tomaba el menor fracaso como algo personal. Tenía que vencer constantemente, y eso es probablemente lo que pagó con su vida. Se mostró implacable con un hombre que había perdido la razón. Era lo que yo temía... Se lo advertí... pero no me hizo caso. Supongo que nadie podía prever lo que ocurrió. El marido de nuestra cliente hizo algo de locos. Pero en realidad había perdido el juicio. Mató a su esposa, luego a mi marido y después se suicidó en nuestro despacho.

Aquellas palabras le recordaron otra vez el espeluznante panorama de aquella mañana de Navidad. Cerró un momento los ojos mientras Bill la observaba.

—Usted y los niños tienen que haber vivido una pesadilla —dijo él compadeciéndola.

—A veces lo sigue siendo. Nos costará mucho superarlo, pero las cosas ya van mejor. Llevábamos diecinueve años casados, algo que no se olvida en unos meses, y habíamos sido muy felices.

—Tuvieron mucha suerte —dijo él discretamente.

Él nunca había vivido aquello con nadie, ni siquiera con la mujer con la que se había casado ni con las dos con las que había vivido más tarde. Y a partir de entonces, había dejado de buscar a la mujer ideal. De vez en cuando pasaba alguna por su vida pero en realidad nunca llegaba a encariñarse con ninguna. Le parecía una forma más segura y más simple. No necesitaba ni deseaba nada más.

—Sí, tuvimos mucha suerte —repitió Liz antes de levantarse y agradecerle la invitación al té—. Creo que será mejor que duerma un poco antes de que se despierte Peter. Mañana por la mañana pensaba ir al despacho y volver aquí por la tarde con Jamie.

—Aquí me encontrará —dijo Bill sonriendo, y luego le recordó que tenía interés en conocer a Jamie.

Ya en la puerta, Liz le miró con expresión triste. Tal como le había comentado, la pesadilla de la pérdida de Jack aún no había terminado.

—Gracias por haberme escuchado. A veces uno agradece poder hablar.

—Cuando quiera aquí estoy, Liz.

Sin embargo, él no había hecho el gesto pensando únicamente en Liz. Le gustaba hablar con ella y le caía bien Peter. Le daba pena que vivieran tantos problemas, tanto sufrimiento.

Volvió a la sala de estar y permaneció tumbada y despierta mucho rato. Pensaba en Bill y en la vida solitaria y agotadora que llevaba. En realidad, aquello no era vida, aunque, pensándolo bien, la suya tampoco, si dejaba aparte el trabajo y los niños. Por fin se durmió, soñó con Jack y en el sueño le pareció que le comunicaba algo. Le señalaba una cosa con la intención de advertirla y cuando ella volvió la cabeza vio que Peter se lanzaba desde un alto trampolín a una piscina vacía. Se despertó con una gran sensación de pánico, mezclada con la habitual tristeza. Cada mañana, al despertar, pasaba un momento terrible recordando que había ocurrido algo espantoso. Un instante después recordaba que Jack estaba muerto. Seguía odiando el momento del despertar. Por eso le costaba tanto conciliar el sueño, porque sabía que se despertaría y tendría que enfrentarse de nuevo a la dolorosa realidad.

Se había peinado, lavado la cara y cepillado los dientes pero aún se sentía sucia y descuidada. Cuando entró en la UCI, Peter estaba despierto y se quejaba de que tenía hambre y nadie le daba de comer. Por fin apareció un cuenco con copos de avena y leche; hizo una mueca de asco cuando su madre le dio a probar una cucharada.

—¡Puaj! —exclamó con cara de crío y no de muchacho de diecisiete años—. Esto es asqueroso.

—Sé buen chico y cómetelo. Te sentará bien —le dijo su madre, pero él apretó los dientes y los labios. Cuando Liz dejó la cuchara, le comentó riendo—: ¿Qué es lo que te apetecería?

—Gofres. —Se refería a los que hacía su madre, a los que no había vuelto a preparar desde la mañana en que murió

Jack. No podía. Y sus hijos lo comprendían. A pesar de que era el desayuno favorito de todos, nadie se había atrevido a pedírselos, pero en esta ocasión Peter no lo había tenido en cuenta—. Y beicon —añadió—. No soporto las gachas.

—Lo sé, cariño. Tal vez hoy te den ya comida normal. Hablaré con el doctor Webster.

—Creo que le caes muy bien —dijo Peter sonriendo a su madre.

—A mí también me cae bien él. Te ha salvado la vida. No podía haber hecho nada mejor para impresionarme.

—Me refiero a que le gustas. Ayer vi cómo te miraba.

—Creo que alucinas, pero eres un buen chico, aunque no te hayas tomado el desayuno.

—Si te invitara a salir, ¿aceptarías? —preguntó Peter con una risita burlona.

—No seas ridículo. Es tu médico y no un Romeo de instituto cualquiera. Me pregunto si este golpe en la cabeza no te habrá alterado el cerebro.

A Liz le hacía gracia lo que decía su hijo pero no le interesaba mucho. Bill Webster era un hombre simpático, había tenido con él una conversación agradable la noche anterior, pero aquello no significaba nada ni para ella ni para él.

—¿Aceptarías, mamá?

Peter insistía y Liz se limitó a reír, sin querer abordar en serio la cuestión. No hacía falta. Lo que le preguntaba era estúpido.

—No, no aceptaría. No me interesa salir con nadie. Ni a él le interesa salir conmigo. De modo que deja de hacer de casamentero y concéntrate en ponerte bien.

Ayudó a las enfermeras a bañar a su hijo y más tarde se acercó al despacho. Jean había solucionado todo lo que había podido, y afortunadamente aquella semana no había aparecido nada de extrema urgencia. Estaban a mediados de agosto y mucha gente se había ido de vacaciones hasta la fiesta del día del Trabajo.

Por la tarde se fue a casa a ver a los niños y se quedó a cenar con ellos. Habló unas cuantas veces con Peter y comprobó que seguía animado. Unos amigos habían ido a verle y le habían llevado algo para comer. Él y Jessica habían roto en junio, de modo no tenía novia que le mimara, pero estaba contento con la compañía de sus amigos. Liz tuvo también unos minutos libres para llamar a Victoria y a su madre. A las dos las había informado del accidente cuando Peter ya estaba fuera de peligro y ahora le resultaba agradable poder tranquilizarlas. Su madre, como de costumbre, se dedicó a vaticinar las peores secuelas para Peter, y Victoria le preguntó cómo podía ayudarla. Pero, en este sentido, nadie podía echarle una mano, le bastaba con oír una voz amiga y charlar un rato. Después del breve respiro, siguió trabajando un rato.

Al terminar de cenar se duchó, se cambió de ropa y dijo a Jamie que se pusiera los zapatos. Iba a llevarlo a ver a su hermano. Había pedido a las niñas que esperaran un día más, pues sabía que con sus charlas y risas, con las mil preguntas que harían a Peter con la mejor intención del mundo, su hijo quedaría agotado. En cambio, la visita de Jamie sería positiva para los dos. Era consciente de que el pequeño tenía que constatar que su hermano estaba bien.

Jamie permaneció callado durante el viaje hacia el hospital con la vista fija en el paisaje, y Liz notó que estaba algo nervioso. Al entrar en el aparcamiento se volvió por fin hacia su madre y le hizo una pregunta muy concreta:

—¿Me dará miedo, mamá?

Había sido muy franco, la pregunta conmovió a su madre y ella le respondió también con sinceridad.

—Puede que un poco. Los hospitales dan un poco de miedo porque hay mucha gente, máquinas y sonidos extraños. Pero el aspecto de Peter no te asustará. —Tenía alguna magulladura en la cara y nada más—. Lleva un collarín bastante raro y está en una cama que sube y baja si aprietas un botón.

—¿Volverá algún día a casa?

—Sí, cariño, volverá muy pronto. Antes de que empiece el curso.

—¿Y eso es pronto?

Jamie no tenía mucha noción del tiempo y era consciente de ello.

—Dentro de un par de semanas —le explicó ella—. Tal vez antes. Aquí hay un médico muy simpático que quiere conocerte. Se llama Bill.

—¿Me pondrá una inyección? —preguntó asustado.

Para él no era solo una aventura sino una dura prueba, aunque estaba dispuesto a lo que fuera, incluso a caminar sobre las brasas para ver a Peter.

—No, no va a ponerte ninguna inyección —respondió su madre con dulzura.

—Menos mal. No me gustan las inyecciones. ¿Le ha puesto alguna a Peter? —Estaba preocupado por su hermano.

—Muchas. Pero Peter es mayor y le da igual.

Lo único que odiaba Peter era la gelatina y los copos de avena. Aquella tarde sus amigos le habían llevado pizza, lo que le había animado mucho.

—¿Vamos para allá?

Jamie cogió de la mano a su madre al entrar en el vestíbulo. Se agarraba fuerte y ella notó que tenía la palma húmeda. Tomaron el ascensor hasta la UCI de traumatología y una vez allí, Jamie se estremeció al ver a un paciente en una camilla.

—¿Está muerto? —preguntó a su madre, en un aterrorizado susurro, acercándose mucho a ella.

Había visto a un hombre con los ojos cerrados y una enfermera de pie a su lado.

—No, Jamie, está durmiendo. No te preocupes que no ocurrirá nada.

Siguieron por el pasillo hasta la UCI y nada más entrar vieron a Peter sentado en la cama. Soltó una exclamación de alegría al ver a Jamie y este dibujó una sonrisa de oreja a oreja.

—¡Qué tal está nuestro gigante! Ven aquí a darme un beso —gritó. El pequeño echó a correr hacia él pero paró en seco al ver todas las pantallas y aparatos. Le daba miedo seguir—. ¡Vamos! —lo animó Peter—. Un paso más y ya estás aquí. —Jamie dio el último paso como si estuviera vadeando un río lleno de serpientes, pero cuando lo tuvo al alcance de la mano, Peter lo agarró y lo estrechó contra su cuerpo. Le dio un beso y mientras Liz se acercaba a los dos se dio cuenta de que Jamie estaba como en las nubes—. ¡Cuánto te he echado de menos, chaval!

—Yo también te he echado de menos. Creía que te habías muerto —dijo Jamie sin ambages—, pero mamá me dijo que estabas vivo. Al principio no la creí, y por eso me ha traído aquí para verte.

—Ya ves que no estoy muerto. Pero hice una estupidez lanzándome a la piscina de aquella forma. Por la cuenta que te trae, no hagas nunca una estupidez de estas, si no tendrás que vértelas conmigo, muchacho. ¿Qué tal todo en casa?

—Aburrido. Las chicas están todo el día contando lo que te pasó. Las tres lloraban cuando te metieron en la ambulancia. Yo también —dijo Jamie, mirando a su hermano mayor con alivio. Era lo que necesitaba—. ¿Puedo hacer subir y bajar tu cama? —preguntó, interesado, después de echar una ojeada a todo aquello. Había otras personas en la UCI, pero no podía verlas, ya que tenían las cortinas corridas.

—Pues claro.

Peter le mostró los botones y le explicó cómo funcionaba. Dibujó una mueca de dolor cuando Jamie accionó el mando y la cama subió, bajó y le obligó luego a incorporarse.

—¿Hace daño esto? —A Jamie le fascinaba el movimiento de la cama.

—Un poco —admitió Peter.

—¿Quieres volver a tumbarte?

—De acuerdo. Hazla bajar poco a poco y yo te diré cuándo tienes que parar.

Peter se mostraba siempre comprensivo con Jamie y quería que fuera feliz. Mientras el pequeño se concentraba en poner la cama plana, entró Bill Webster, quien observó la escena con interés. Miró primero a Liz y luego a sus dos hijos. Peter acababa de decir a su hermano que soltara el mando y este se sentía satisfecho de haberlo hecho bien. Le hubiera gustado repetir pero Peter le pidió que lo dejara. Sentía más dolor del que reconocía padecer.

—Hola, doctor Webster —dijo Peter levantando la vista; Jamie miró a Bill con cierto recelo.

—¿Ya se va a la cama? —le preguntó Jamie con educación al ver el pantalón y la bata verde que llevaba.

—No, esta es mi ropa de trabajo. Un poco rara, ¿verdad? Así, puedo dormir cuando me apetece. —Intentaba tomarle el pelo pero Jamie le observaba con expresión seria. Webster se fijó en que a pesar de que Jamie tuviera el pelo oscuro y Peter fuera pelirrojo, los dos hermanos se parecían muchísimo—. ¿No vas a presentarme a tu hermano? —dijo a Peter, y este hizo las debidas presentaciones.

—Yo no quiero ninguna inyección —precisó Jamie, para que no hubiera ningún malentendido de entrada.

—Ni yo —respondió el médico, manteniendo una cierta distancia para no asustar al pequeño. Conocía las limitaciones del niño a raíz de los comentarios de su madre—. Yo no voy a ponerte ninguna si tú no me pones ninguna a mí.

Jamie se echó a reír.

—De acuerdo —respondió el niño, solemnemente. Y luego, dando por supuesto que él era quien tenía que animar la conversación, añadió a título informativo—: Gané tres medallas en las Olimpiadas Especiales. Mamá me entrenó.

—¿En qué pruebas participaste? —preguntó Bill con gran interés.

—Salto de longitud, cien metros y carrera de sacos —explicó Jamie, orgulloso, mientras Liz le observaba sonriendo.

—Si ganaste tantas medallas, tu madre tiene que ser una excelente entrenadora.

—Pues sí. Con mi padre solo conseguí llegar cuarto. Él gritaba mucho más que mamá. Pero ella me hacía trabajar más y durante más tiempo.

—La perseverancia es la clave —dijo Bill, dirigiéndose más a Liz que a Jamie, y ella le sonrió, algo incómoda después de que Jamie hubiera ensalzado sus virtudes—. Seguro que fue muy emocionante.

—Sí —respondió Jamie con una sonrisa.

Luego se volvió hacia su hermano para preguntarle si podía mover la cama de nuevo y, a pesar de que a este no le apetecía mucho, le dio permiso para hacerlo. Mientras tanto Bill y Liz salieron un momento para hablar.

—¿Qué tal sigue? —preguntó Liz.

Ella veía a Peter aún bastante cansado y se daba cuenta de que le dolía la cabeza y el cuello.

—Evoluciona bien —la tranquilizó Bill—. Es mi paciente estrella. Y su hijo pequeño es encantador, tiene que estar orgullosa de él —añadió, mirando a Jamie a través del cristal de la unidad de cuidados intensivos.

—Estoy orgullosa de él —respondió Liz sonriendo—. Le agradezco que le haya dejado entrar. Lo de Peter le daba pánico. Así se quedará tranquilo. Hace un par de días que no lo veía tan contento.

—Puede volver siempre que quiera, con la condición de que no me ponga una inyección —dijo Bill riendo.

Aún con la sonrisa en los labios, los dos entraron de nuevo en la UCI y Liz apartó a Jamie de la cama, pues no dejaba el mando tranquilo.

—Creo que ya es hora de volver a casa, jovencito, porque Peter tiene que descansar y tú también. —Liz miró a Jamie con aire serio—. El doctor Webster dice que puedes volver cuando quieras.

—La próxima vez, tráeme una pizza —dijo Peter antes de dar un beso de despedida a su hermano.

Jamie le dijo adiós con la mano ya en la puerta de salida y

se fue con su madre hacia el ascensor. Allí les vio Bill y se acercó a ellos para agradecer a Jamie la visita.

—Me ha gustado. Es un sitio guay. Creía que me daría miedo —dijo Jamie con sinceridad, detalle que formaba parte de su encanto. Siempre decía lo que tenía en la cabeza—. La ambulancia hacía mucho ruido cuando se llevó a Peter —añadió, y Bill asintió con la cabeza.

—Normalmente es así con las ambulancias. Pero aquí suele haber tranquilidad. Vuelve otro día.

Bill sonrió y Jamie hizo un gesto afirmativo con la cabeza.

—Mañana vienen mis hermanas. Hablan mucho y a lo mejor cansan a Peter.

Bill se echó a reír; no se atrevió a añadir que a veces las mujeres eran así. No conocía mucho a Liz para hacer aquel comentario ni sabía si tenía sentido del humor, pero le divirtió el comentario del niño.

—Ya procuraré que no lo cansen. Te agradezco la información.

El ascensor interrumpió la conversación y Jamie se despidió de Bill levantando la mano cuando se cerraban las puertas. El médico había preguntado a Liz si iba a volver aquella noche y ella le había respondido que pensaba pasar la noche en casa con los niños y volver por la mañana a ver a Peter. Le había agradecido de nuevo que le hubiera permitido la visita de Jamie, quien, de vuelta hacia Tiburon, comentó a su madre lo contento que estaba de haber ido al hospital.

—Me ha gustado la cama de Peter y también el médico. Es simpático. A él tampoco le gustan las inyecciones —recordó a su madre—. Creo que a Peter también le gusta.

—A todos nos cae bien —dijo Liz—. Ha salvado la vida de tu hermano.

—Pues a mí también me cae bien.

Al llegar a casa contó a sus hermanas la visita, les habló de la cama que subía y bajaba y del médico que odiaba las inyecciones y había salvado la vida de Peter. Para él había sido una gran aventura. Aquella noche durmió en la cama de su madre, muy tranquilo, sin pesadillas. No así su madre, que fue encadenando sueños sobre Jack, el accidente de Peter, Bill, Jamie y las niñas. Toda la noche vivió situaciones angustiosas y accidentes. Se despertó a la mañana siguiente con la impresión de haber participado en un rodeo.

—¿Estás cansada, mamá? —le preguntó cuando la despertó a las seis.

—Mucho —respondió ella con un gemido.

Aquellos días le estaban pasando factura. El terror de estar a punto de perder a su hijo le había dejado la misma sensación que una enorme paliza. Había sido un poco como la repetición de lo vivido en Navidad, pero como mínimo en esta ocasión con un final feliz.

Preparó el desayuno para los niños, se fue al despacho, luego a las comparecencias del tribunal y finalmente al hospital para encontrarse con Carole y las niñas. Jamie se había quedado con una vecina porque Liz no quería abusar y aquel día les tocaba a las chicas. En el hospital, charlaron, gritaron, enredaron con todo lo que encontraron por allí, le dieron noticias, le contaron sus últimos novios y amistades y le dijeron que estaban muy contentas de verle tan bien. De todas formas, Liz se dio cuenta de que Jamie había acertado. Una hora después, cuando ya se habían marchado, Peter, agotado, necesitó un analgésico. Cuando por fin se durmió, Bill y Liz pasaron un momento a la sala de espera para intercambiar impresiones.

—Jamie tenía razón —dijo ella preocupada—, las niñas lo han machacado.

—Las chicas suelen ser especialistas en esto —dijo él sonriendo—, pero creo que ha sido positivo para él. Catar un poco la vida real para compensar la vida en la UCI es algo que él necesita.

Hablaron sobre cuándo tendría Peter el alta y Bill le comentó que creía que estaría ya en casa para el día del Trabajo, es decir en menos de dos semanas. Solo quería asegurarse de que había desaparecido la hinchazón en el cerebro para descartar complicaciones, y a Liz le pareció razonable la precaución. Aquello le recordó algo que quería comentar con sus hijos. La fiesta que celebraban todos los años en este día. Habían pensado en no organizarla este año, pero después de lo sucedido y de la tragedia de la que se habían librado, Liz opinaba que había que celebrarlo. Volver al lago Tahoe, como habían pensado, ahora resultaba imposible, pues Peter aún no estaría en condiciones de hacer un largo viaje.

—¿Podrá empezar el curso con normalidad? —preguntó Liz, inquieta.

—Más o menos. Tal vez con una semana de retraso. Nada traumático. Lo que no podrá hacer es conducir.

Y Liz pensó que tendrían que posponer la gira que habían programado en busca de universidad. Podrían dejarla para cuando él se sintiera más fuerte.

Siguieron hablando sobre la recuperación de Peter y luego, antes de despedirse, Webster la invitó a su despacho a tomar un café. Liz aceptó, y al llegar allí se desplomó en la butaca con aire agotado.

—¿Un largo día? —le preguntó él con aire comprensivo.

Webster era consciente de la enorme responsabilidad que asumía aquella mujer y estaba impresionado por lo bien que lo llevaba todo, la tranquilidad que transmitía y el cariño con el que trataba a sus hijos.

—Supongo que más o menos como el suyo —respondió ella amablemente.

—Yo no tengo cinco hijos, ni uno en el hospital. —Y no siguió diciendo lo que pensaba: «Y uno con dificultades de aprendizaje, que evidentemente precisa más dedicación que los demás, o tres adolescentes que reclaman constantemente la atención»—. Cuando lo pienso, me pregunto cómo consigue hacerse cargo de todo.

—A veces ni yo lo sé. Uno se limita a hacer lo que debe.

—¿Y usted? —le preguntó en voz baja, mirándola por encima de la taza que sostenía—. ¿Quién cuida de usted, Liz?

—Yo misma. A veces, Peter. Mi secretaria, mi asistenta, mis amistades. Soy bastante afortunada.

Una curiosa forma de considerarlo desde la perspectiva de Bill. Después de haber perdido al marido, con el que había contado durante veinte años, aquella mujer intentaba seguir adelante en solitario. Bill la admiraba por lo que hacía y estaba convencido de que lo hacía bien.

—Cuando la miro a usted, me siento culpable de la poca responsabilidad que recae en mí. Por no tener, ni siquiera tengo un pececito de colores. Estoy yo y nadie más. Supongo que es cuestión de egoísmo.

Comparado con ella, veía que tenía pocas cosas de que ocuparse.

—Es distinto. Cada cual tiene sus necesidades, Bill. Evidentemente, usted conoce las suyas y vive como desea. —Liz pensaba que de no ser así, era lo suficientemente mayor para haber rectificado. Unos días antes le había dicho que tenía cuarenta y cinco años y que estaba satisfecho con la vida que llevaba, como ella con la suya—. Yo me sentiría perdida sin mis hijos.

—Me lo imagino. Son extraordinarios. Y no es una casualidad. Usted ha puesto mucho de su parte y eso se nota.

Recordó que Jamie le había dicho que ella lo había preparado para las Olimpiadas Especiales. Lo que no acababa de entender es de dónde sacó el tiempo.

—Realmente valen la pena y me hacen muy feliz. A propósito —dijo dejando la taza sobre el escritorio y levantándose—, tendría que volver a casa antes de que decidan que soy una mala madre. Hasta mañana.

—No, estaré unos días fuera, pero dejaré a Peter en buenas manos.

Le dio el nombre del médico que iba a ocuparse de su hijo y le dijo cuándo estaría de vuelta. Se iba a Mendocino.

—Pues que se divierta —dijo ella sonriéndole—, se lo merece.

Aquella noche, cuando llegó a casa, habló con los niños de la fiesta que quería organizar el día del Trabajo. Le sorprendió observar reacciones dispares. Megan y Jamie lo consideraron una buena idea, mientras que Rachel y Annie opinaban que era traicionar a su padre celebrar la fiesta sin él. Aquella era la preferida de Jack, aparte de la del Cuatro de Julio.

—¿Quién se ocupará de la parrilla? —preguntó Rachel, quejosa.

—Nosotros —respondió Liz con tranquilidad—. Hacemos comidas a la parrilla constantemente. Peter nos ayudará. He pensado que tendríamos que celebrar que está bien y que sigue con nosotros.

Cuando se lo hubo explicado de esta forma, aunque a regañadientes, todos aceptaron. Hacia el final de la semana, la fiesta incluso les emocionaba. Iban a invitar a sus amigos y Liz también tenía intención de hacerlo. Habían confeccionado una lista de unas sesenta personas. A Liz le hacía mucha ilusión; era la primera vez que organizaba algo desde la muerte de Jack, pero ya habían pasado ocho meses, un tiempo que consideraba razonable. Peter se emocionó cuando ella se lo contó.

Cuatro días antes de la celebración, cuando iban a dar el alta a Peter, más de cincuenta personas habían confirmado su asistencia. Estaba hablando con Bill Webster sobre la salida del hospital de su hijo y la terapia que iba a seguir cuando se le ocurrió que también podía invitarle a él.

—Será una especie de fiesta en honor de Peter —le explicó—. Nos gustaría que usted viniera. Algo muy informal, la gente llevará vaqueros o chándal.

—¿Puedo ir con mi bata del hospital? No creo que tenga nada más. Salgo tan poco...

De todas formas, parecía complacido con la invitación y le dijo que si no tenía guardia, allí estaría.

—A todos nos gustará mucho.

Tenían una deuda con él y era una forma simpática de reconocerlo. Liz ya le había mandado una caja de vino, que él había apreciado mucho, pero de pronto se le ocurrió que sería una buena idea que estuviera en la celebración de la vuelta a casa de Peter. Liz tenía presente que sin él tal vez su hijo no lo hubiera podido contar, lo que era un horrible pensamiento.

Bill insistió en que vigilara que Peter no se cansara. Era joven y podía exagerar al llegar a casa, deseoso de ver a sus amigos y de salir con ellos. Por lo demás, consideraba que se iría poniendo bien, y en cuanto acabara con la rehabilitación, alrededor de Navidad, lo más seguro es que ya no le quedara ninguna secuela del accidente.

—Contrólelo de cerca durante un tiempo —le advirtió, y Liz asintió.

—Lo haré. —No iba a poder conducir durante uno o dos meses, hasta que le quitaran el collarín, y su madre comprendía que iba a ser duro para Peter. También para ella, pues aún tendría que hacer más de chófer. De todas formas, alguien tenía que ocuparse de ello, pues muchas veces Carole estaba ocupada con las niñas y Jamie—. Ya nos las arreglaremos.

—Manténgame informado. Y lláмеme si surge cualquier problema.

La mañana en que Peter salía del hospital, Bill fue a despedirse de ellos y estrechó la mano de Liz al tiempo que le dirigía una cálida mirada. Quedaba claro que la iba a echar de menos. Había pasado bastante tiempo en su despacho, tomando café y charlando, y se sentían cómodos juntos. Ella le recordó lo de la fiesta y Webster respondió que haría lo imposible por asistir.

—Vendrá, mamá —dijo Peter cuando estaban ya en el coche.

—Si tiene guardia, no —respondió ella con naturalidad, aunque la entristecía la idea de no volver a verle. Después de la experiencia que habían vivido juntos, lo consideraba como un amigo e iba a estarle eternamente agradecida.

—Vendrá —repitió Peter, socarrón—. Ya te dije que le gustas.

—¡Deja de hacer el sabihondo! —exclamó Liz con una risita, sin detenerse mucho a pensar lo que él le decía. Para ella, Bill era el médico de Peter.

—Me juego diez dólares a que viene —insistió Peter, reajustándose el collarín.

—No puedes permitírtelo —respondió su madre, mientras se metían poco a poco en medio del tráfico. Se estaba diciendo a sí misma que para ella no tenía ninguna importancia si aparecía Bill el día de la fiesta. Se había convencido de ello, no así Peter, que la miraba con una sonrisa.

8

La fiesta del día del Trabajo fue un éxito. Acudieron a ella todos los amigos de los niños, la mayoría de los padres de estos
y una serie de personas que Liz no había visto desde la muerte de Jack. Aparecieron también Victoria, su marido y las tri-
llizas. Liz y Peter se ocupaban de la barbacoa, y el joven se
defendía bien, a pesar del collarín. Y Annie, Rachel y Megan
alternaban con todo el mundo. Invitados y anfitriones parecían pasárselo bien. Media hora después de que empezara la
fiesta, apareció Bill Webster, quien miraba a todos con aire
algo despistado hasta que localizó a Jamie.

—¡Hola! ¿Te acuerdas de mí?

Llevaba vaqueros, una camisa a cuadros de manga larga y
el pelo peinado hacia atrás. Jamie sonrió en cuanto le vio.

—Claro que me acuerdo. A usted tampoco le gustan las
inyecciones —exclamó este.

—Exacto. ¿Cómo está Peter?

—Bastante bien, aparte de que me grita cuando salto encima de él.

—No debería gritarte pero tiene motivos, tendrías que tener cuidado con él. Tiene el cuello algo delicado.

—Ya lo sé. Por eso lleva ese gran collar.

—Supongo que se le puede llamar así. ¿Dónde está
mamá? —preguntó sonriendo.

—Por allí.

Jamie le señaló las brasas y Bill la vio preparando hamburguesas. Llevaba un delantal sobre los tejanos y aquel pelo tan rojo destacaba entre la multitud, como el de Peter. A pesar de que estaba enfrascada en su trabajo, no dejaba de sonreír y a él le pareció muy atractiva. En aquel tiempo le había crecido el cabello y le llegaba hasta los hombros. Como si notara la mirada de Bill, levantó la vista y lo vio. Con la espátula en la mano le hizo un gesto para que se acercara y él se dirigió hacia allí seguido por Jamie. Cuando estuvo a su lado, vio que también estaba Peter, con el «gran collar» del que le había hablado Jamie.

—¿Qué tal estás? —preguntó el médico a su paciente.

Peter sonrió y se acercó a su madre, simulando pasarle algo para decirle en voz baja:

—Me debes diez.

—Ha venido a verte a ti —murmuró ella en el mismo tono antes de saludar a Bill y ofrecerle una copa de vino.

Con una sonrisa, Bill rechazó la invitación y pidió una Coca-Cola, pues llevaba el busca. Se respiraba en el jardín un ambiente despreocupado y festivo.

—Tiene un aire muy profesional aquí en las brasas —dijo Bill a Liz, tomando un sorbo de Coca-Cola.

—Aprendí de un experto.

—Por lo que veo, Peter está en forma —siguió el médico, mirando a su paciente.

El joven se estaba divirtiendo con sus amigos y ocupándose de la carne al mismo tiempo, a pesar de llevar puesto el incómodo collarín.

—Quiere empezar el curso la semana que viene —dijo Liz, algo preocupada.

—Si usted considera que está preparado para ello, déjelo hacer. Confío en su juicio.

—Gracias.

Pasó el turno a Carole y a Peter en la barbacoa, uno de los vecinos también les echó una mano, y así pudo alejarse un poco de allí con Bill. Se sentaron en unas sillas y los dos tomaron Coca-Cola, pues ella tampoco era bebedora.

—¿Cómo va todo en el hospital?

Le parecía curioso estar allí con él, lejos de las preocupaciones que habían compartido por Peter. En aquellos momentos estaban solos, como la gente normal, y de repente ella se sintió tímida.

—En el hospital hay demasiado trabajo. Y las cosas, lejos de mejorar, van a empeorar estos días. Esos fines de semana largos son auténticamente asesinos. Accidentes de coche, heridas de bala, intentos de suicidio... Es asombroso cómo acaba la gente cuando tiene unos días libres, sobre todo con un volante en las manos.

—Me alegra que esté libre y haya podido venir a vernos.

—No estoy libre. En realidad, estoy de guardia. Llevo el busca, pero he pensado que podrían vivir sin mí un rato. He dejado allí a mi ayudante. Es un buen profesional y no me llamará a menos que sea imprescindible. ¿Y usted, Liz? ¿Cómo pasa los días de fiesta? Me imagino que no debe de ser fácil.

—Hoy ha resultado un día más agradable de lo que esperaba. Al principio fue durísimo. San Valentín, Pascua, los cumpleaños de los niños, el Cuatro de Julio... El día del Trabajo es algo más inocuo. Pensé que los niños iban a divertirse.

Y en realidad todo el mundo parecía pasárselo bien, sobre todo sus hijos. Se veían felices alrededor de sus amigos, a los que habían podido invitar por primera vez después de Navidad.

—A mí me encantaban los días de fiesta cuando era pequeño. Ahora son laborables como los demás. —Liz pensaba que tenía que llevar una vida bastante solitaria, aunque habiéndola escogido él, no podía quejarse. Cuando Peter estuvo en el hospital, Bill siempre estaba por allí, lo que convertía su aparición en algo mucho más importante—. ¿Y usted qué hace en su tiempo libre, cuando no está trabajando ni persiguiendo a sus hijos? —añadió mirándola con interés; ella se echó a reír.

—¿Es que hay algo más? ¿Se refiere a que existe una vida aparte del trabajo y los niños? En todo caso no sé si recuerdo cómo era...

—Tal vez habrá que refrescarle la memoria —dijo él sin más—. ¿Cuándo fue al cine por última vez?

—Mmm... —Reflexionó un momento y luego movió la cabeza. Le costaba creer que hacía tanto tiempo. En realidad, había acompañado a los niños al cine de Mill Valley y los había recogido de allí unas cuantas veces, pero ella llevaba meses sin ver una película—. Creo que la última vez que fui al cine fue el día de Acción de Gracias.

Y había ido con Jack, por supuesto. Tenían por costumbre ir a ver una película después de la cena del día de Acción de Gracias, cuando los niños ya se habían acostado.

—¿Tal vez podríamos quedar un día para ir al cine? —propuso él, expectante, y en aquel preciso instante sonó el busca. Bill bajó la vista hacia el cinturón, donde llevaba sujeto el aparato y vio en la pantallita la palabra «urgencia». Cogió el móvil que llevaba en el bolsillo y llamó al hospital. Escuchó atentamente, dio unas cuantas órdenes y luego se volvió hacia Liz con expresión desilusionada—. Tienen entre manos un caso delicado. Un choque frontal de automóvil entre dos jóvenes. Tendré que volver. Con lo que esperaba yo la hamburguesa y un poco más de tiempo libre... Tendremos que dejarlo para otro momento.

—¿Por qué no se lleva una hamburguesa? —le dijo ella mientras lo acompañaba hacia el portal. La parrilla estaba cerca de la salida, así aprovechó para decir a Peter que le enviara una en papel de aluminio y se la dio antes de que subiera al coche. Bill conducía un Mercedes que tenía diez años. Era un hombre con cierto estilo, aunque resultaba difícil darse cuenta de ello cuando se le veía de un lado a otro por el hospital en bata y zuecos. Pero ahí se había presentado con unos tejanos inmaculados, recién planchados, con mocasines impecablemente lustrados y el pelo arreglado y peinado hacia atrás, algo que Liz nunca había visto en él.

—Gracias por la hamburguesa —dijo sonriendo—. La llamaré para ir al cine. ¿La semana que viene, tal vez?

—Estaría bien —respondió Liz, sintiéndose de nuevo tímida y de repente, muy joven.

Hacía muchos años que un hombre no la invitaba al cine. Pero, ¡qué demonios!, Bill era simpático y respetable, y además tenía razón: necesitaba salir un poco.

Después de despedir a Bill, Liz se paró un momento a charlar con Victoria, quien le comentó la aparición de aquel.

—Es muy guapo —dijo Victoria con una pícara sonrisa—. Y le gustas.

—Eso es lo que dice Peter —comentó Liz riendo, pero luego se puso otra vez seria—. Es un médico extraordinario.

—¿Te ha pedido para salir? —preguntó sin rodeos su amiga, esperando una respuesta positiva.

—No digas tonterías, Vic. Solo somos amigos.

Pero la verdad era que, aunque la sorprendiera darse cuenta de que no quería admitirlo, Bill la había invitado a salir. Al fin y al cabo, aquello no significaba nada. Una salida al cine que igual ni se concretaba. Pensó que no valía la pena comentárselo a Victoria. Y luego decidió continuar charlando con los demás invitados.

La fiesta siguió durante horas y los últimos invitados salían de la casa cuando ya habían dado las once. La comida había sido deliciosa, el vino abundante y la concurrencia agradable. Todo el mundo se lo había pasado bien y Liz se sentía contenta de haberlo organizado en el momento en que, junto con los niños, limpiaba y recogía las cosas. Estaba ayudando a Carole a cargar el lavavajillas cuando sonó el teléfono. Echó una ojeada al reloj y comprobó con sorpresa que eran más de las doce. ¿Quién podía llamar tan tarde?

Fue a responder pensando que alguno de los invitados se había dejado algo y tuvo la sorpresa de reconocer una voz familiar. Era Bill, que la llamaba para agradecerle la invitación.

—He pensado que aún no se habría acostado. ¿Ya se ha ido todo el mundo?

—Hace poco. Ha calculado muy bien. ¿Y su urgencia?

Bill suspiró antes de responder. No le gustaba hablar de ello. Ciertas situaciones se resolvían mejor que otras.

—A uno de los jóvenes no hemos podido salvarlo, pero el otro se está recuperando. Las cosas a veces van así.

Parecía que cada vez que moría alguien en sus manos Bill quedaba afectado.

—No sé cómo se las arregla —dijo Liz, comprensiva.

—Es mi oficio. —Y estaba claro que le gustaba mucho, sobre todo cuando intervenía con éxito, como sucedía la mayoría de las veces—. ¿Y qué, cuándo vamos al cine? —Y sin darle siquiera tiempo para reflexionar, añadió—: ¿Qué tal mañana? Tengo una noche libre, no estoy de guardia, algo muy poco corriente, créame. Valdría la pena aprovecharlo. ¿Qué me dice de una pizza y una película?

—La mejor proposición que me han hecho en toda la noche... En todo el año —dijo sonriendo—. Me parece estupendo.

—A mí también. ¿La recojo a las siete?

—De acuerdo, Bill, y muchas gracias. Espero que tenga una noche tranquila en el hospital.

—Lo mismo digo para usted —respondió él con ternura al recordar que Liz tenía problemas de insomnio.

Aún sonreía al colgar el auricular cuando entró Peter en la cocina. La miró y, levantando una ceja, le preguntó:

—¿Quién era?

—Nada importante —respondió ella con vaguedad.

Pero Peter la miraba atentamente. No creyó lo que había dicho ella y de pronto cayó en la cuenta. Con una risita, le dijo:

—¿A que era Bill Webster? Dime la verdad. Era él... ¿Me equivoco?

—Tal vez no —admitió ella algo avergonzada.

—¡Ya te dije que le gustabas! ¡Es genial!

—¿Qué es genial? —preguntó Megan, quien acababa de entrar en la cocina.

Carole había terminado de llenar el lavavajillas y los más pequeños se habían acostado poco después de que salieran los últimos invitados.

—A mi médico le gusta mamá —explicó Peter, muy satisfecho.

Al muchacho le caía bien el doctor Webster.

—¿Qué médico? —preguntó Megan con expresión sorprendida.

—El que me salvó la vida, boba. ¿Quién va a ser si no?

—¿Y qué quiere decir eso de «le gusta mamá»?

—Quiere decir que la ha llamado.

—¿Para salir?

Megan parecía aterrorizada. Su mirada pasaba de Peter a Liz. Este se volvió hacia su madre para preguntarle:

—Yo no lo sé... ¿Te ha pedido para salir, mamá?

A Peter le divertía aquella situación y en cambio a Megan, no.

—Algo así —admitió Liz, y Megan pareció escandalizada—. Mañana vamos al cine. —No tenía ningún sentido escondérselo, ya que Bill pasaría a recogerla. Además, tampoco tenía nada que esconder. Era un hombre agradable, y el médico de Peter. Eran tan solo amigos y Liz estaba convencida de que la propuesta de una pizza y una película no entrañaba nada más íntimo—. No es para tanto... He pensado que así me distraería —añadió medio disculpándose mientras Megan seguía con su mirada desafiante.

—¡Es una vergüenza! ¿Y papá?

—¿Qué pasa con papá? —exclamó Peter en tono mordaz—. Papá está muerto. Mamá no. No puede quedarse aquí enclaustrada eternamente cuidándonos.

—¿Por qué? —Megan no comprendía el punto de vista de su hermano o, caso de comprenderlo, no estaba de acuerdo con él. No veía por qué su madre tenía que salir con alguien—.

Mamá no tiene necesidad de salir con nadie —dijo, mirando tanto a Peter como a Liz—. Nos tiene a nosotros.

—Justamente lo que te estaba diciendo. Esto no es suficiente. Antes tenía a papá —puntualizó Peter con firmeza.

—No es lo mismo —insistió Megan, testaruda.

—Claro que es lo mismo —siguió Peter.

Liz se mantenía al margen, pero la tenía fascinada el conflicto de opiniones. Megan se mantenía firme en la postura de que no debía salir con nadie y Peter en la suya, de que con el trabajo y los hijos no tenía suficiente, precisamente la razón por la que había insistido en invitarla Bill Webster. Había planteado las cosas más o menos como Peter. En cambio Megan se sentía amenazada por cualquier hombre que se inmiscuyera en la vida de su madre.

—¿Qué crees que opinaría papá de todo esto, mamá? —preguntó directamente a Liz.

—Imagino que diría que ya era hora —respondió Peter—. Han pasado casi nueve meses y mamá tiene derecho a salir. Jolín, si el año pasado murió la madre de Andy Martin y al cabo de cinco meses su padre ya estaba casado otra vez. Mamá ni siquiera ha mirado a otro hombre desde la muerte de papá —añadió con imparcialidad, aunque Megan seguía inquieta.

—¿Vas a casarte con el médico?

—No, Megan —respondió Liz tranquila—. No voy a casarme con nadie. Saldré a tomar una pizza y a ver una película. Algo bastante inofensivo.

A pesar de todo, le resultaba interesante observar la reacción de sus hijos, tanto los pros como los contras. Es algo que la hizo reflexionar mientras subía a su habitación. ¿Se había equivocado? ¿Era una locura lo que iba a hacer o algo fuera de lugar? ¿Era demasiado pronto para salir con alguien? La cuestión es que no iba a salir con Bill: simplemente iba al cine y a cenar. Y por descontado, no tenía intención de casarse con nadie, algo de lo que la había acusado Megan. No podía ni imaginarse ser la esposa de otro que no fuera Jack. Para ella había sido el marido perfecto, y estaba segura de que cualquier otro no estaría a la altura. Lo que había planificado era una velada fuera, con Bill, que no era más que un amigo.

De todas formas, Megan seguía en pie de guerra al día siguiente cuando Bill pasó a recoger a su madre a las siete. Le abrió la puerta, le echó una mala mirada y subió la escalera dando sonoros taconazos. No le había dicho ni una sola palabra y Liz tuvo que disculparla por haberse mostrado tan grosera. Sin embargo, Jamie compensó la situación al bajar a saludar a Bill con una gran sonrisa. Estaba contento de verle. Bill estuvo un rato charlando con él.

—¿Lo pasaste bien ayer en la fiesta? —preguntó Bill acariciando el sedoso cabello del niño.

—Fue divertido —dijo él moviendo la cabeza—. Comí demasiados frankfurts y pillé dolor de tripa. Pero antes de eso fue divertido.

—A mí también me lo pareció —dijo Bill, y luego simuló un gesto de preocupación—. Supongo que no vas a ponerme una inyección, ¿verdad, Jamie? —El muchacho se echó a reír. Bill le preguntó luego si había hecho volar alguna vez una cometa y este dijo que no—. Algún día puedes venir a hacer volar la mía —dijo con simpatía—. Tengo una muy grande. Es una cometa anticuada que armé yo mismo y vuela muy bien. Un día de estos podremos llevarla a la playa y hacerla volar.

—¡Qué bien! —exclamó Jamie con los ojos muy abiertos.

Rachel y Annie bajaron a saludar a Bill, pero Megan no volvió a aparecer. Se había quedado enfurruñada en su habitación, enojada con su madre. Peter había salido con unos amigos que habían pasado a recogerle y Bill, antes de marcharse, dijo a Jamie que le saludara de su parte. Este prometió que lo haría en cuanto volviera.

—Tiene unos hijos estupendos —dijo Bill, impresionado—. No sé cómo se las arregla.

—Muy fácil —respondió ella sonriendo mientras se sentaba en el cómodo Mercedes—. Les quiero muchísimo.

—Oyéndola a usted se diría que es realmente fácil. Creo que yo no sabría hacerlo —dijo, como si se estuviera planteando llevar a cabo un trasplante de hígado o una operación a corazón abierto: era algo doloroso, complicado y que podía resultar fatal. Para él, ser padre siempre había entrañado un cierto misterio.

—¿Qué es lo que no sabría hacer? —preguntó ella mientras Bill ponía el motor en marcha y descendía por la avenida.

—Estar casado y tener hijos. En usted parece algo natural pero yo sé perfectamente que no lo es. Hay que saber hacerlo. Es un arte. Por lo que sé, algo más complicado que la medicina.

—Se aprende sobre la marcha. Ellos nos enseñan.

—No es tan sencillo, Liz, y usted lo sabe. La mayoría de jóvenes se mete en la delincuencia, las drogas o algo por el estilo. Ha tenido una suerte extraordinaria con cinco hijos como los suyos.

Liz se dio cuenta de que había incluido a Jamie en el cumplido. En realidad era un muchacho formidable y, a pesar de sus límites, solo le exigía un poquitín más de atención y cuidado que los otros. Con él había que andarse con cuidado para que no se hiciera daño, no corriese algún peligro o se perdiera.

—Creo que tiene unas ideas muy curiosas sobre los niños —dijo Liz—. No todos son unos salvajes.

—No, pero muchos lo son, y sus madres aún peor —respondió él con la máxima naturalidad; Liz se echó a reír.

—¿Tengo que bajar ahora mismo, antes de que descubra cómo soy en realidad o va a confiar en mí como mínimo hasta después de cenar?

—Ya sabe a lo que me refiero —insistió él—. ¿Cuántos matrimonios conoce usted que funcionen de verdad? —preguntó él sin rodeos, con el aire de un auténtico cínico, de un soltero empedernido.

—Mi matrimonio funcionó —se limitó a responder ella—. Fuimos felices durante mucho tiempo.

—Pues la mayoría no lo es, y nadie mejor que usted para saberlo —dijo Bill, intentando convencerla.

—Tiene razón, la mayoría no es muy feliz pero algunos sí lo son.

—Poquísimos lo son —concluyó él cuando ya llegaban al restaurante. Una vez sentados a la mesa, ella lo miró con cautela.

—¿De dónde ha sacado esta opinión tan horrible sobre el matrimonio? ¿Tan mal le fue?

—¡Peor! Al final acabamos odiándonos. Desde entonces no la he vuelto a ver y no tengo el menor deseo de verla. En realidad, si algún día la llamara, probablemente me colgaría el teléfono. Ya ve que nos fue muy mal. Y no creo que nosotros fuéramos la excepción.

Quedaba claro que estaba convencido de lo que decía, a pesar de que Liz opinaba lo contrario.

—Pues yo creo que sí —respondió ella tranquilamente.

—Si fuera así, usted no tendría trabajo.

Liz se echó a reír. Pidieron pizza de champiñones, pimiento y aceitunas. A los dos les apetecía y cuando se la trajeron, comprobaron que estaba deliciosa. De todas formas, era tan grande que no consiguieron comerse ni la mitad. Luego la camarera les sirvió el café.

Hablaron de muchas cosas: de medicina, derecho, los años que él había pasado en Nueva York cuando era residente, lo que le había gustado aquello, y ella le contó sus viajes por Europa con Jack, su pasión por este continente, en especial por Venecia. Abordaron una gran variedad de temas, pero Liz seguía intrigada por lo que él había comentado sobre el matrimonio y los hijos. Sin duda tenía una opinión muy firme sobre el tema. Sintió lástima por él. Había cerrado la puerta a un sistema de vida que ella valoraba muchísimo. Liz no habría cambiado por nada del mundo los años de matrimonio o sus hijos. Sabía que sin estos, su vida estaría vacía, como sospechaba que estaba la de él. Lo que más le importaba en el mundo era su trabajo, sus pacientes y sus colegas. Era algo importante, sin duda, pero no suficiente para llenar una vida, en opinión de Liz. Sin embargo, no volvieron a sacar a colación el tema. La conversación se orientó luego hacia el cine.

En esta cuestión, Bill tenía unos gustos muy eclécticos: le gustaban tanto las películas extranjeras como las intelectuales o los grandes éxitos comerciales. Liz admitió que disfrutaba con las películas que veía con los niños, todas muy comerciales, y en el caso de Peter, de acción. Antes le gustaba ir al cine con ellos. Aquello le recordó que prácticamente no había salido con sus hijos desde la muerte de Jack. Siempre les prestaba atención en casa, pero apenas salía con ellos, y se hizo la promesa de cambiar en el futuro. Bill la había sacado al mundo de nuevo, y después de la película que vieron juntos aquella noche, se hizo el propósito de salir con los niños uno de aquellos días. Hacía tiempo que no salían juntos y había llegado el momento de hacerlo.

Al llegar a casa, Liz le ofreció entrar a tomar una copa, pero él declinó la invitación diciendo que tenía que levantarse pronto al día siguiente, pues entraba en el hospital a las seis; la enterneció comprobar que a pesar de todo hubiera pasado tantas horas con ella. Eran más de las once y seguro que al día siguiente estaría cansado. Le pidió disculpas por aquello y Bill sonrió.

—Ha valido la pena.

Aquellas palabras sorprendieron a Liz pero le gustó escucharlas. Había pasado una extraordinaria velada con él. Le dio las gracias, él prometió llamarla pronto y Liz entró en su casa. Peter y Megan aún no se habían acostado y, en cuanto cerró la puerta, Liz sospechó que iban a someterla a un interrogatorio en toda regla.

—¿Te ha besado? —preguntó Megan en tono acusador, de desaprobación y repugnancia.

—No, por supuesto. Apenas le conozco.

—No mola el primer día —dijo Peter como un experto, y su madre se echó a reír.

—Siento decepcionaros, muchachos, pero somos amigos y nada más. Creo que él tiene mucho cuidado en no comprometerse en una historia seria. Está volcado en su trabajo. Y yo en vosotros. No tienes nada que temer, Megan —dijo, decidida.

—Me juego diez dólares a que te besa la próxima vez —dijo Peter con expresión divertida.

—Esta vez no vas a ganar —dijo ella—. Además, ¿quién te dice que habrá una próxima vez? A lo mejor se lo ha pasado fatal y no vuelve a llamarme.

—Lo dudo —saltó Megan, desanimada. Veía la catástrofe que se cernía sobre ellos en forma de Bill Webster.

—Gracias por tu voto de confianza, Meg. Yo que tú no malgastaría el tiempo preocupándome por esto. Por otra parte, la semana que viene tengo un juicio en el que debo trabajar a fondo.

—Muy bien. Así podrás estar en casa con nosotros. Tú no necesitas un hombre, mamá.

—No, mientras os tenga a vosotros. ¿Es eso lo que quieres decir, Megan?

Pero Liz tenía que admitir que se lo había pasado bien con Bill, en una conversación de adultos, conociéndole un poco más. Todo había transcurrido en un trasfondo de admiración mutua. Ninguno esperaba nada del otro, simplemente se caían bien y pasaban un rato agradable juntos. Aunque no volviera a llamarla, pensaba Liz, le había gustado estar con él, sentirse mujer y no solo madre. Resultaba estimulante estar con alguien que deseara que te lo pasaras bien y le interesara hablar y escuchar.

Mandó a Megan y a Peter a la cama y se metió en su habitación. Jamie la esperaba en su cama. Seguía durmiendo a veces con ella y a Liz le resultaba agradable tenerlo allí a su lado. Mientras se dormía al lado del pequeño, se planteaba si Megan tenía razón, si era cierto que no necesitaba a un hombre en su vida. Pero ya no estaba tan convencida como antes. Habían pasado casi nueve meses desde la última vez que había dormido y hecho el amor con Jack. En aquellos momentos le pareció una eternidad, a pesar de que por ahora no experimentaba ningún deseo de cambiar su existencia. En su cabeza, esta faceta de la vida había terminado para siempre.

En aquellos mismos momentos, Bill Webster, que acababa de acostarse, pensaba en ella y en lo bien que lo habían pasado. No sabía cómo acabaría aquello, pero Liz le gustaba, eso estaba claro.

9

Bill volvió a llamar a Liz hacia el final de la semana y esta vez la invitó al teatro. Se fueron al centro, donde cenaron, luego ella le invitó a una copa de vino en su casa y allí charlaron un rato sobre teatro y libros. Liz le habló de un caso delicado en el que estaba trabajando, que implicaba un juicio por la custodia de un crío que ella sospechaba que recibía malos tratos. Había informado a los servicios sociales sobre sus conjeturas y estos habían descubierto que tenía razón. En cierta forma, el caso le planteaba un dilema moral, y habría preferido representar al niño en lugar de a los padres.

—¿Y por qué no lo hace? —preguntó Bill, realista. A él le parecía lo más normal del mundo y en cambio a ella no.

—No es tan simple como parece. Un tribunal tendría que haberme designado como representante del niño y este no es el caso. Se supone que no soy imparcial porque represento al padre. En eso tienen razón. Representar al niño implicaría para mí un conflicto de intereses, a pesar de que si hubiera tenido que escoger, me habría quedado con el niño.

—Yo viví un caso parecido en el departamento de traumatología. Una niña de quien decían que un vecino la había maltratado. Pretendían presentar cargos contra él y contaron una historia muy convincente. Como es lógico, yo me sentí indignado. Pero a fin de cuentas resultó que era el padre quien pegaba a la niña, y cuando llegó a nosotros, tenía ya el cerebro dañado de una forma irreversible. Poco podíamos hacer ya por ella. En cuanto tuvo el alta, los servicios sociales retiraron la custodia a los padres, pero la pequeña pidió al juez volver con ellos. Yo tenía miedo de que el padre la matara. El juez la confió a una familia de acogida durante unos meses, pero finalmente volvió a casa de sus padres.

—¿Y qué ocurrió luego? —La historia había despertado el interés de Liz.

—No lo sé. Les perdí la pista y es una lástima. Mi trabajo es tan urgente y puntual que en cuanto la persona mejora, la pierdo de vista. Traumatología y urgencias son algo así por naturaleza. Haces todo lo que puedes en lo apremiante del instante y luego aquella persona desaparece de tu vida.

—¿No le sabe mal no poder tener una relación que dure más con sus pacientes?

—En realidad, no. Al contrario, creo que es por lo que me gusta tanto. No tengo que preocuparme resolviendo los problemas que no me corresponde solucionar. Así resulta más sencillo.

Quedaba claro que no deseaba ningún tipo de relación duradera. Pero a pesar de ello, a Liz le gustaba. De vez en cuando, al hacer algún comentario de este tipo, ella sentía lástima por él. Su vida, su filosofía eran todo lo contrario de las de Liz. En la existencia de ella todo quedaba en un marco de duración e implicación afectiva. Algunos de sus clientes seguían en contacto con Liz años después de haberse divorciado. Tenían estilos diferentes, y en realidad, ella y Bill Webster eran muy distintos. Lo que no impedía que ambos se cayeran bien.

Aquella noche también se despidieron tarde. Estuvieron charlando casi hasta la una de la madrugada, y Bill se tuvo que ir a disgusto, pues habría preferido quedarse un rato más. Pero los dos tenían que levantarse pronto: ella tenía un juicio y él entraba de turno a las siete de la mañana.

Por la mañana, en el desayuno, Peter preguntó a su madre con aire malicioso si había ganado la apuesta.

—No, esta vez la has perdido —respondió ella, primero sonriendo y luego soltando una carcajada.

—¿De verdad no te dio un beso, mamá? —insistió decepcionado mientras Megan seguía con su expresión indignada.

—Eres repugnante —dijo a su hermano—. ¿Pero tú de qué lado estás? ¡Vamos a ver!

—Del de mamá —respondió él sin rodeos, y luego se volvió hacia Liz—: Si lo hubiera hecho, ¿me lo dirías? ¿O disimularías para ganar los diez pavos?

Le encantaba pinchar a su madre, y ella rió satisfecha mientras seguía haciendo crepes.

—¡Eso es un insulto! Yo tengo mi integridad y no voy a mentir a mi hijo, que es carne de mi carne, para ganar una apuesta —dijo pasándole las crepes con jarabe de arce.

—Creo que mientes, mamá —insistió Peter.

—Pues no. Ya te dije que solo somos amigos, y a mí me parece bien así.

—Sigue así, mamá —añadió Rachel. Otra que se añadía a la contienda. Liz miró con interés a la pequeña.

—¿Desde cuándo te interesa a ti el tema?

—Peter dice que a él le gustas y Meg dice que vas a casarte con él.

Según cómo, Rachel tenía mucha experiencia para su edad. Aún no tenía doce años. Acababa de cumplir once cuando murió su padre y, como el resto, había madurado mucho en el último año.

—Voy a tranquilizaros a todos —dijo Liz con una gran sonrisa mientras terminaban el desayuno—. Dos cenas no implican un compromiso.

—Es muy pronto para que empieces a salir —añadió Annie mirándola seriamente.

—¿Y para ti cuándo crees que sería aceptable? —le preguntó su madre con interés.

—Nunca —respondió Megan en vez de su hermana pequeña.

—Estáis todas chaladas —dijo Peter levantándose de la mesa—. Mamá puede hacer lo que le dé la gana. Y a papá le habría parecido bien. Si mamá hubiera muerto, él a estas alturas estaría ya saliendo con otra.

Aquel comentario hizo pensar a Liz que, evidentemente, las cosas podían haber ido así. Le pareció interesante la idea de Peter y le fue dando vueltas camino del trabajo. Si ella hubiera muerto, ¿Jack saldría con otra? Nunca se lo había planteado, pero ahora sospechaba que podía ser una posibilidad. Siempre se había planteado la existencia de una forma muy sana, y era un hombre que amaba demasiado la vida para quedarse encerrado en casa llorando su muerte. Su hijo tenía razón. Seguro que Jack saldría con otra. Aquello la hizo sentir mejor en cuanto a la cuestión de salir con Bill Webster.

Aquel día, él la llamó al despacho para invitarla de nuevo al cine el fin de semana siguiente. De pronto a Liz le pareció que se veían muy a menudo, pero pensó que aquello no tenía importancia. Se sentía bien con él.

Y en esta ocasión, cuando pasó a recogerla, le abrió la puerta Jamie, quien le puso al corriente sobre la situación.

—Mis hermanas piensan que no tendría que salir con mamá. Pero a Peter le parece bien, y a mí también. A los chicos nos cae bien y a las chicas no.

El pequeño se lo había resumido perfectamente y Bill se echó a reír; luego se lo comentó a Liz cuando se dirigían a un pequeño restaurante francés de Sausalito.

—¿Tanto les afecta a sus hijas que salgamos juntos? —le preguntó él, interesado.

—¿O sea que salimos juntos? —preguntó Liz con soltura—. Yo creía que solo éramos amigos.

—¿Eso es lo que quiere usted, Liz? —dijo él, comprensivo.

Habían llegado al restaurante, estaban aparcando y Bill se volvió a mirarla. Estaba impaciente por escuchar la respuesta.

—No sé muy bien lo que quiero —dijo ella con sinceridad—. Me lo paso bien con usted. Es algo que ha venido así...

Él también lo veía de esta forma, pero empezaba a sentir por ella algo inesperado. Al principio le habría satisfecho quedarse solo con la amistad, pero ahora no lo tenía tan claro. Empezaba a pensar que deseaba algo más de ella. De todas formas, no insistió, entraron en el restaurante y evitaron tocar temas delicados durante el resto de la velada.

Sin embargo, en esta ocasión, cuando la acompañó a casa, Peter habría ganado la apuesta si esta hubiera seguido en pie. Antes de entrar, la rodeó con sus brazos y, mirándola con ternura, la besó. Ella pareció algo sorprendida al principio pero luego se soltó en sus brazos y le devolvió el beso. Sin embargo, luego la tristeza inundó su expresión y él se sintió preocupado.

—¿Estás bien, Liz? —murmuró.

—Creo que sí —respondió ella en voz baja. Durante una fracción de segundo, aquel beso le había recordado a Jack y tuvo casi la sensación de estarle engañando. No ardía en deseos de encontrar a un hombre, ella no lo había buscado, pero Bill Webster había penetrado en su vida y ahora tenía que enfrentarse a sus sentimientos respecto a él y a su difunto marido—. No lo esperaba —añadió volviéndose hacia él, y Bill asintió.

—Ni yo. Es algo que ha surgido... Eres una mujer increíble.

—No es cierto —respondió ella sonriendo. Siguieron un rato fuera, pues les resultaba agradable estar al aire libre sin que los niños pudieran oírles. Liz se habría sentido incómoda si hubieran estado al corriente de lo sucedido. Como si quisiera reafirmar lo vivido por los dos un momento antes, Bill la besó de nuevo y esta vez ella respondió con más pasión. Cuando se separaron, Liz estaba sin aliento y parecía algo inquieta—. ¿Pero qué estamos haciendo? —preguntó ella, mientras seguían de pie bajo la estrellada noche de septiembre.

Bill la miró sonriendo.

—Yo diría que nos estamos besando —respondió con naturalidad.

Pero aquello iba mucho más lejos, no se trataba de simple curiosidad ni del ansia que pueden sentir dos cuerpos solitarios, sino más bien de la clara atracción que se produce a veces entre un hombre y una mujer, la unión del espíritu así como la de los labios. Había muchas cosas que a cada uno le gustaban del otro, aunque ellos mismos comentaban que eran muy distintos. Él se inclinaba por las relaciones fugaces de todo tipo, y en cambio en la vida de ella todo se centraba en la duración, el matrimonio, los hijos, la carrera, incluso las dos empleadas que tenía llevaban años a su lado. En su existencia no había nada temporal y Bill era consciente de ello. Para él, la diferencia era casi un desafío. Aunque en aquellos momentos tampoco estaba muy seguro de si quería ser algo pasajero en la vida de Liz. Para él era una experiencia nueva, ya que ella no era el tipo de mujer que solía atraerle.

—Vamos a tomárnoslo con calma —dijo Bill— y no pensar mucho las cosas. Dejemos que todo siga su curso.

Ella asintió con la cabeza, sin saber qué responder, ni si quería realmente que todo siguiera su curso.

Pero en cuanto hubo entrado, tras la partida de Bill, la culpabilidad por lo que acababa de hacer empezó a carcomerla. Tenía la impresión de haber traicionado a su marido. «Está muerto —se repetía—, no volverá jamás.» Pero luego pensaba por qué le había parecido tan raro besar a Bill, por qué lo veía como una inmensa equivocación y al mismo tiempo algo enormemente excitante. Aquel pensamiento la turbaba y permaneció mucho tiempo despierta aquella noche pensando en Bill, en Jack y en lo que estaba haciendo.

A la mañana siguiente, cuando se despertó, exhausta después de una noche de insomnio, pensó que Bill y ella tendrían que retroceder a la amistad del inicio sin complicar más las cosas. Con aquella decisión se sintió mejor, pero alrededor de las diez la llamó él.

—Pensaba en ti y se me ha ocurrido llamar para ver cómo estabas —dijo él con delicadeza.

—Siento lo de anoche —se limitó a responder ella.

—¿Qué es lo que sientes? —preguntó Bill, en un tono curiosamente tranquilo, que transmitía la felicidad que respiraba—. Lo único que siento yo es que no nos besáramos otra vez. Para mí fue una noche fantástica.

—Eso es lo que me da miedo, Bill... No estoy preparada...

—Lo comprendo. Nadie te presiona. No se trata de una carrera. No hay una «meta» a la que llegar. Estamos simplemente ahí el uno para el otro. —Era una forma bonita de explicarlo y Liz agradeció que no la presionara. Incluso sintió cierta vergüenza de haberse preocupado tanto—. ¿Y si voy el sábado y preparo la cena para ti y los niños? Tengo la noche libre y no soy mal cocinero. ¿Qué te parece?

Liz era consciente de que tenía que rechazar la propuesta, pero ella misma quedó sorprendida al comprobar que no le apetecía decir que no. ¿Qué tenía de malo que él cocinara para ellos?

—De acuerdo. Te ayudaré.

—Yo llevaré la comida. ¿Algo especial que les guste a los niños?

—Comen de todo. Pollo, pescado, carne, pizza, espaguetis. No son complicados.

—Ya pensaré algo.

—Jamie estará encantado.

Y las niñas, furiosas, pero eso no lo dijo. Era una buena oportunidad para tranquilizarlas respecto a él. Así verían que era inofensivo. ¿Lo era en realidad? ¿Tendrían razón en que aquella era una situación que podía entrañar peligro? Liz prefería no pensar en ello. Quería ser amiga de Bill, y le había gustado besarle. ¿Tenía que ir más lejos la relación? No veía por qué. Podían dejarlo así, en un beso de vez en cuando. Ella no iba a permitir que las cosas avanzaran, por sí misma y no por sus hijos.

Bill llegó el sábado a las seis, tal como había prometido, con tres bolsas de comida. Dijo que iba a preparar pollo frito al estilo del sur, mazorcas de maíz y patatas al horno. Traía también unas barras de helado. Empezó sus tareas en la cocina y no quiso que Liz le ayudara.

—Tú no te preocupes —le dijo.

Sirvió una copa de vino a Liz y otra para él y se dedicó a la cena. Incluso las niñas quedaron sorprendidas con lo que él preparó y se mostraron contentas, aunque Megan siguió negándose a dirigirle la palabra. Jamie no paró de hablar con él todo el rato, al igual que Peter, y por fin incluso Annie y Rachel participaron en la conversación. Hablaron de las escuelas y de las universidades donde podía ir Peter. Él y Liz habían decidido hacer las visitas previstas a principios de octubre y Bill dio algún consejo al joven. A pesar de que creía que Berkeley podía resultarle divertida, consideraba que Stanford y UCLA eran una opción mejor para él por una serie de razones. Seguían discutiendo sobre ello al final de la cena mientras Rachel, Annie, Jamie y Liz quitaban la mesa. Peter seguía enfrascado en la conversación cuando Megan se escabulló hacia arriba sin ni siquiera dar las gracias a Bill por la cena. Liz se puso furiosa con ella, pero luego Bill le dijo que no insistiera.

—Ya se acostumbrará a mí, dale tiempo. No hay prisa.

Seguía con comentarios de este tipo, y como siempre, ella se puso algo nerviosa. ¿Por qué tenían que darle tiempo? Lo más seguro era que él no estaría mucho tiempo en sus vidas, por lo que no tenían que preocuparse. De todas formas, no era lo que Bill le había insinuado.

Aquella noche, cuando los niños se retiraron, Bill volvió a besarla y a ella le inquietó que lo hiciera en su casa. La cosa era cada vez más íntima y aquella familiaridad la intrigaba. Además, había sido muy amable con sus hijos. La situación llevaba las trazas de una historia de amor con todas las de la ley. Hacía ya nueve meses que había enterrado a Jack, y Liz tenía la sensación de estar moviéndose por un campo de minas que podían explotar de un momento a otro. Megan estaba dispuesta a atacar, las otras no tenían muy claro el asunto, pero lo más importante era que ella tenía que ocuparse de sus propias emociones, sus inquietudes en cuanto a Bill y su propensión hacia las relaciones pasajeras, tal como había admitido él mismo, así como el sentimiento de fidelidad que tenía por Jack, lo cual ponía en entredicho lo que sentía por Bill Webster.

Liz siguió en el mismo estado todo septiembre y todo octubre, y para ella fue como un alivio marcharse aquel fin de semana para buscar universidad. Sin embargo, Bill la llamó todos los días, incluso al hotel de Los Ángeles donde se habían instalado. Le sorprendió oír su voz, pero al colgar esbozó una sonrisa, y en esta ocasión Peter no hizo ningún comentario. El muchacho no quería romper el delicado equilibrio de su relación, sobre todo porque apreciaba a Bill y quería que las cosas funcionaran entre ellos. Además, por algún comentario que había hecho, sabía lo confusa que estaba su madre.

A la vuelta, Liz esperó unos días antes de ver a Bill, y cuando lo hizo fue para tomar una hamburguesa en plan rápido en la cafetería del hospital una noche en que él estaba de guardia. No obstante, Bill estaba impaciente por verla. Las enfermeras la reconocieron enseguida, algunas se acercaron a saludarla, al igual que el ayudante de Bill, y todo el mundo le dio recuerdos para Peter.

—Todo el mundo te quiere, Liz.

La devoción por su hijo había causado una gran sensación allí. No todos los padres se mostraban tan entregados como ella, mejor dicho, muy pocos mostraban esta actitud. También era atenta con Bill, siempre le hacía preguntas sobre su trabajo, le importaba todo lo que se refería a él, a las tareas y tensiones a las que se enfrentaba a diario. Cuando Bill estaba con Liz, era siempre consciente del interés que despertaba en ella, la mayor parte de las veces más que ella misma. A ella le costaba admitirlo, pues era algo que seguía teniendo demasiadas implicaciones.

No fue por casualidad que la semana siguiente, a la vuelta de Los Ángeles, el sábado por la mañana, pasara un rato mirando la parte del armario donde guardaba la ropa de Jack; las americanas seguían allí colgadas. En aquella ocasión le pareció que no tenían vida alguna, las vio tristes y la deprimió aquella panorámica. Ya no se acercó a ellas, no las acarició ni intentó ver a Jack al abrazarlas. Llevaba meses sin acercarse a las solapas, sin aspirar su olor, y al verlas en aquellos momentos supo qué era lo que le convenía hacer. Se dijo a sí misma que no tenía nada que ver con Bill. Habían pasado diez meses desde la muerte de Jack y estaba ya preparada. Fue retirando una a una las americanas de las perchas, las dobló y las dejó en un montón. Se las habría regalado a Peter, pero era demasiado alto y excesivamente joven para llevarlas, y pensó que sería más fácil deshacerse de ellas que ver a alguien que las llevara.

Después de dos horas de vaciar cajones y retirar toda aquella parte del armario, apareció Megan en su habitación y se fijó en lo que estaba haciendo. La muchacha empezó a llorar, y por un momento Liz tuvo la sensación de haber matado a Jack. Megan observaba sollozando las pilas de ropa en el suelo, y a Liz, al verla en aquel estado, se le rompió el corazón y estalló también en llanto, por sus hijos, por él y por sí misma. Sabía, sin embargo, que por más que se aferrara a algún objeto, habían perdido a Jack. Su marido no iba a volver ni a necesitar la ropa. Era mejor deshacerse de ella, se repitió, aunque al ver la angustia de Megan, dudó sobre su decisión.

—¿Por qué haces esto ahora? Es por él, ¿verdad?

Las dos sabían que se refería a Bill; Liz lo negó con la cabeza mientras seguía llorando ante el armario.

—Ha llegado el momento, Meg... Tenía que hacerlo... Sufro demasiado al verlo —dijo, con los ojos inundados de lágrimas, tendiendo los brazos hacia su hija, quien se apartó violentamente de ella, echó a correr hacia su habitación y cerró de un portazo.

Poco después, Liz la siguió, pero la adolescente no quiso hablar con ella y tuvo que volver a su dormitorio, donde se dispuso a colocar la ropa en cajas. Peter pasó por delante de la habitación, vio lo que hacía su madre y también su estado de ánimo, y se ofreció para ayudarla.

—Yo lo haré, mamá. No tienes por qué hacerlo tú.

—Quiero hacerlo —respondió ella con tristeza.

Era lo último que le quedaba de él, aparte de los trofeos, las fotografías, algún que otro recuerdo más y, evidentemente, sus hijos.

Peter la ayudó a llevar las cajas al coche y, como si todos notaran que había llegado un momento crucial, salieron uno a uno de la casa para observarla. Tenían una expresión afligida, y al final incluso Megan decidió salir de la habitación y acercarse a los demás. Quedaba claro que aquello no era fácil para Liz, y para demostrarle su apoyo, cada uno de los hijos cogió una caja, una bolsa, cualquier objeto, y lo llevó hasta el coche. Era el último gesto para despedir a su padre. Cuando ya estaba casi todo recogido, apareció Megan con la última caja.

—Lo siento, mamá —murmuró con lágrimas en los ojos.

Liz la abrazó, satisfecha del vínculo que las unía.

—Te quiero, Meg.

Madre e hija lloraban mientras seguían abrazadas y los demás se unieron a ellas.

—Yo también te quiero, mamá —consiguió articular Megan, y sus hermanos y hermanas también la abrazaron.

Liz había decidido llevar la ropa al local de una organización de beneficencia y Peter le propuso acompañarla.

—No, gracias, ya puedo hacerlo sola —le dijo, tranquilizándolo.

Peter llevaba entonces un collarín más pequeño y ya había empezado a conducir de nuevo. Insistía en llevar él el coche, pues sabía que su madre estaba demasiado afectada. Así pues, subieron los dos al coche cargado con todas las pertenencias de su padre mientras el resto de la familia los observaba.

Al cabo de media hora estaban de vuelta. Liz parecía deshecha, y cuando abrió de nuevo el armario aquella tarde y lo vio todo vacío, el corazón le dio un vuelco al recordar lo que había habido allí, pero también se sintió un poco más libre. Le había costado mucho tiempo, pero era consciente de que había hecho bien en esperar, a pesar de que todo el mundo insistiera en que se deshiciera enseguida de todo lo de Jack.

Se quedó un buen rato en su habitación mirando por la ventana, pensando en él, y cuando aquella tarde a última hora la llamó Bill, este adivinó por su voz que algo había ocurrido.

—¿Estás bien? —preguntó, preocupado.

—Más o menos.

Le contó lo que había hecho aquel día, lo duro que había resultado y él se conmovió. En los dos últimos meses, sus sentimientos por Liz se habían intensificado.

—Lo siento, Liz. —Sabía que aquello era una señal, la señal de que se iba deshaciendo poco a poco del pasado y despidiéndose finalmente de su marido. Jack siempre tendría un rincón en su corazón, tenía a sus hijos como legado, pero Liz renunciaba finalmente a aquella presencia diaria—. ¿Puedo ayudarte en algo?

—No —respondió ella con tristeza.

Los dos sabían que se trataba de una aflicción íntima, de un momento que exigía soledad.

—Iba a proponerte salir esta noche, pero tal vez no sea una buena idea.

Liz estuvo de acuerdo con él y quedaron en que la llamaría al día siguiente. Aun así, la volvió a llamar a última hora de la noche para ver cómo se encontraba. Seguía con aire triste, aunque no tanto, y había pasado una velada tranquila con los niños. Todos se habían calmado después del duro momento que habían vivido por la mañana. Solo Liz se quedó con los recuerdos y la sensación de pérdida. Al parecer, los demás habían aceptado la situación mucho antes que ella.

Cuando Bill la llamó al día siguiente, comprobó que ya era casi la misma y le alegró que aceptara verlo aquella noche. Al principio, Liz se mostró más reservada y apagada, pero después de hablar un rato, rió de nuevo y se animó como otras veces.

Dieron un largo paseo cogidos de la mano, y esta vez cuando él la besó, los dos fueron conscientes de que era algo distinto. Ella estaba dispuesta a afrontar el futuro, a renunciar al pasado y seguir adelante.

—Te quiero, Liz —dijo Bill, estrechándola contra su cuerpo mientras ella aspiraba aquella loción de afeitado que ya le resultaba familiar. Era muy diferente de Jack en una serie de aspectos. Liz sentía afecto por él pero no podía traducir en palabras aquel sentimiento. Por lo menos de momento. Tal vez nunca lo conseguiría.

—Lo sé —se limitó a responder. Bill no esperaba otra cosa. Para los dos era suficiente el paso que acababa de dar él pronunciando aquellas palabras.

10

Por la festividad de Todos los Santos, los dos habían comprendido que su relación era seria. Ni él ni ella sabían lo que iba a significar para su futuro, pero estaba claro que Bill se había enamorado de Liz y que ella, aunque no lo hubiera admitido ante él, también le amaba. Esto le planteaba un dilema, ya que no acertaba a ver cómo afrontarlo o qué contar a sus hijos. Había hablado del tema en más de una ocasión con Victoria y esta le aconsejaba que fuera despacio y dejara que las cosas «siguieran su ritmo», lo que Liz consideraba sensato y deseaba que así fuera. Imaginaba que con el tiempo los dos verían claro lo que sentían y lo que tenían que hacer.

La vigilia de Todos los Santos, la noche de Halloween, Bill pasó por casa de Liz y ambos se fueron, con Rachel y Jamie, a dar la vuelta por el barrio siguiendo la tradición de la festividad. Annie y Megan consideraron que ya eran «demasiado mayores» para andar pidiendo caramelos y se quedaron en casa ayudando a Carole a repartirlos a los niños que pasaran por allí. Peter hacía lo mismo en casa de su nueva novia.

Aquella misma noche, ya tarde, cuando los niños estaban acostados, Bill se quedó un rato en silencio mirando a Liz y después le preguntó si le apetecía ir a pasar el fin de semana juntos. Al ver que ella dudaba, sintió de pronto miedo de haberlo estropeado todo, aunque sabía que llevaban un par de meses saliendo y que cada vez les resultaba más difícil contener su pasión. Era consciente de que no había interpretado mal los sentimientos de ella y también de que él estaba seguro de amarla. De repente se sintió como un niño cuando Liz le dijo en voz baja que aceptaba ir con él a Napa Valley el fin de semana siguiente. Decidieron no hablar de ello a los niños, y él prometió ocuparse de las reservas. Quería llevarla al Auberge du Soleil, pues le parecía el lugar más romántico para el primer fin de semana juntos.

Pasó a recogerla el viernes por la tarde, después de haber trabajado veinticuatro horas seguidas, pero se sentía tan feliz y estaba tan emocionado que el cansancio no contaba. Liz había previsto un montón de actividades para los niños con el objetivo de que no se aburrieran sin ella y les había dicho que se iba a casa de una amiga de la universidad. Habían quedado que Bill la recogería a una hora en que no habría nadie en la casa. Solo Carole sabía adónde iba ella en realidad. A Bill le resultaba curiosa aquella discreción, pero sabía que así era más fácil para los dos. No tenían por qué trastornar a los niños. Lo más seguro era que a Peter y Jamie les hubiera parecido perfecta su salida juntos, en cambio a las niñas probablemente no tanto. Megan había influido mucho en sus hermanas contra su relación. En aquellos momentos se mostraba educada con él, pero no pasaba de ahí, de forma que lo que no convenía era poner más leña al fuego.

El paisaje del camino era espléndido: las hojas habían adquirido un sinfín de tonos ocres y la hierba seguía de un verde intenso, el tono que solía mantener durante todo el invierno. Era un extraña combinación de Este y Oeste, los colores del otoño de Nueva Inglaterra junto con la eternamente verde California. Estuvieron charlando todo el trayecto hasta Saint Helena. Cuando Liz se callaba un instante, él no quería preguntarle en qué pensaba; sabía que seguía haciéndose a la idea de pasar un par de días con él, pues en más de una ocasión le había comentado que a veces tenía la sensación de estar traicionando a Jack. Bill tenía claro que en cierta forma iba a ser un fin de semana difícil para Liz. En un momento determinado, se fijó en que ella fijaba la vista en la alianza que aún llevaba.

Llegaron al hotel poco antes de la hora de la cena. Liz quedó impresionada con la elegancia de aquel lugar. Bill había tirado la casa por la ventana para hacerla feliz. La vista del valle que se extendía ante ellos a la hora del crepúsculo le cortó la respiración. Después de que Bill sirviera un par de copas de vino, se fue al lavabo a cambiarse y salió con un vestido negro que estrenaba para la cena.

Bajaron al comedor del hotel y luego estuvieron un rato sentados ante la chimenea del bar mientras una mujer cantaba acompañada por un pianista. Se sentían cómodos y relajados cuando volvieron a su habitación cogidos de la mano. Una vez dentro, Bill la besó. Con aquel beso le transmitía todos sus sentimientos, y en cuestión de minutos, la pasión se apoderó de los dos. Había fuego en la chimenea, la luz era tenue, Bill encendió las velas de la mesita y se sentaron en el sofá abrazados. Poco a poco, Bill le fue quitando el vestido mientras ella le desabrochaba la camisa. Era maravilloso estar allí los dos solos y tener libertad para hacer lo que quisieran. Luego, con gran suavidad, la llevó hacia la cama. Acabó de desnudarla sin prisas, dejándose llevar por la sensualidad, y los dos se metieron desnudos entre las impecables sábanas, donde permanecieron un rato abrazados.

—Te quiero tanto, Liz...

—Yo también te quiero... —murmuró ella.

Era la primera vez que Liz pronunciaba aquellas palabras ante él, pero le habían salido espontáneamente, con la misma facilidad que sucumbió al siguiente beso y a lo que les dictó la pasión. Se dejó arrastrar por él y por el ansia que había sentido, y de pronto pareció desvanecerse toda la tristeza y la soledad, como si fuera un capullo en el que había permanecido envuelta, pues ya no le hacía falta protegerse. No necesitaba protección contra él, ni lugar donde esconderse, ni tenía que frenar ningún impulso mientras se entregaba a él. Luego quedaron sin aliento, mutuamente saciados, y ella le sonrió. Sin embargo, algo agridulce y nostálgico en su mirada confirmó a Bill que el pasado y los recuerdos habían dejado su huella en el corazón de Liz. No podía ser de otra forma, y ambos eran conscientes de ello.

—¿Estás bien? —le preguntó él con cariño, preocupado por ella, apenado al verla aún triste. Pero independientemente de lo que reflejaban sus ojos, Liz seguía sonriendo.

—Muy bien... mejor que bien... me haces tan feliz...

Era casi verdad, tan cierto como podía serlo en aquel momento.

Bill vio lágrimas en los ojos de ella. Resultaba difícil no pensar en Jack en un instante como aquel, cuando se entregaba a otra persona. Había dado otro paso importante para alejarse de él, un paso que había aplazado al máximo y que ahora estaba dispuesta a dar. Era como cruzar un puente de una vida a otra. Pero se sentía segura con Bill, podía contárselo todo. No le hería ni le desilusionaba admitir que para ella era difícil.

Estuvieron mucho rato en la cama hablando, y él tuvo que admitir que jamás había querido a nadie como a ella. Liz estaba relajada, disfrutando de la compañía, intentando no pensar en Jack. Le costaba no hacerlo y Bill comprendía perfectamente sus sentimientos.

A medida que fue pasando el fin de semana, se alejaron poco a poco los recuerdos de Jack y adquirió más fuerza la presencia de Bill y todo lo que había compartido con él. Dieron largos paseos y hablaron de un sinfín de cosas: el trabajo, los niños, sus sueños. Intentaron evitar el tema del pasado e inevitablemente, el domingo por la mañana, sentados en la terraza de su habitación, contemplando Napa Valley, su conversación derivó lentamente hacia el futuro.

En aquella fría mañana de noviembre, Bill llevaba tejanos y jersey de chándal y ella una preciosa bata de lana. De todas formas, resultaba agradable estar allí al sol leyendo el periódico. Cuando Liz levantó la vista para pasarle la sección de deportes, vio que él le sonreía.

—¿Qué es lo que le hace tan feliz, doctor Webster? —dijo ella devolviéndole la sonrisa mientras él cogía el suplemento.

—Tú. Todo esto... —Hizo un gesto señalando el valle.

Para los dos, aquel fin de semana había sido algo así como una luna de miel, y ella se le había entregado. La imagen de Jack se iba disipando entre la neblina y pese a que Liz seguía queriéndose aferrar a su memoria, y seguiría queriéndolo siempre, era consciente de que tenía que seguir adelante. Bill era un compañero extraordinario para ella.

—¿Y ahora qué vamos a hacer? —le preguntó él con cariño.

—¿Qué quieres decir? —Lo miró de pronto preocupada. Había palabras que aún no estaba dispuesta a oír y él lo sabía pero no podía remediarlo. Estaban en su cabeza desde que salían juntos—. No tenemos que hacer nada —respondió, como si estuviera nerviosa.

—Pero podría ser bonito. ¿Te parece demasiado pronto para hablar de ello, Liz? —habían hecho el amor otra vez el día antes, y por la noche, ante la chimenea, y de nuevo aquella mañana. En este aspecto se entendían a la perfección y resultaba difícil creer que no hubieran tenido relaciones antes de aquel fin de semana. Entre ellos todo parecía acoplarse y fundirse, para convertirse en lo que necesitaban y deseaban. Era algo que había que tener en cuenta— Nunca pensé que llegaría a decirte esto —siguió él, sintiéndose de pronto como un adolescente algo torpe, pero estaba tan enamorado que no quería perderla—, pero creo que tendríamos que casarnos.

A Liz le sorprendió aquello. Era lo último que esperaba oír, pues no correspondía al carácter de él.

—Pensaba que no creías en el matrimonio.

Parecía que le estaba pidiendo una ratificación, y él intuyó que aquello la había asustado.

—Y era cierto, antes de conocerte. Imagino que es porque, en algún punto de lo más profundo de mi corazón, esperaba poder vivir algo como lo de hoy, y no quería desperdiciar mis oportunidades con alguien que no valiera la pena, como mi primera esposa. Estuvimos a punto de destruirnos mutuamente. —En cambio la relación con Liz, al menos para él, era perfecta. Y ella era capaz de imaginarse a su lado durante mucho tiempo, tal vez para siempre, aunque aún no estaba preparada para admitirlo. Todavía era pronto y los recuerdos de Jack seguían demasiado frescos. No había pasado un año, si bien faltaba muy poco—. No quisiera echarlo todo por tierra hablando de ello demasiado pronto, Liz, pero deseaba que supieras qué es lo que tengo en la cabeza.

No era una mujer a la que uno pudiera tomar a la ligera, y había que tener en cuenta también a sus hijos. Bill había pensado mucho en ellos y veía que acabaría queriéndolos. Ya le había ocurrido con Jamie, y con Peter tenía también un sólido vínculo. Se imaginaba que a la larga las niñas también cederían. Siempre había sabido ganarse a las mujeres y a los niños cuando les tenía aprecio y esto es lo que ocurriría con las hijas de Liz.

—No sé qué decir. —Tenía amigas que habían pasado años saliendo con hombres que nunca las habían tomado en serio, que nunca les habían propuesto matrimonio ni tenían intención de proponérselo, en cambio ella acababa de pasar su primer fin de semana con Bill y ya le estaba hablando del futuro—. Solo hace once meses que murió Jack. No es mucho. Necesito tiempo para adaptarme de nuevo, para recuperarme, y los niños igual.

—Lo comprendo. No tengo prisa. Sé lo importante que será este aniversario para ti. —Liz hablaba mucho de ello; se trataba de un hito que contaba mucho tanto para ella como para sus hijos. Y él tenía que respetárselo—. Pensaba que podríamos volver a hablar de todo esto en enero, después de las vacaciones, para ver cómo te sientes entonces. Se me había ocurrido que por San Valentín...

El corazón de Liz se encogió en el momento en que él dejó la frase a medias. El día de San Valentín había tenido un gran significado para ella y Jack. Pero también había habido entre los dos otras cosas significativas que ahora habían desaparecido, a excepción de los hijos.

—¡Si faltan solo tres meses! —exclamó despavorida, a pesar de que aquella proposición tenía una gran importancia para ella.

—Para entonces llevaremos seis meses saliendo. Es rápido, pero aceptable. Muchas personas salen durante un período más corto y son felices en su matrimonio. —Liz veía que tenía razón, pero ella y Jack habían sido novios durante mucho tiempo. Y la propuesta de Bill la había cogido desprevenida. No es que le disgustara, pero necesitaba tiempo para reflexionar. Él la miró con todo lo que sentía reflejado en sus ojos—. Haré lo que tú me digas, Liz. Solo quiero que sepas lo mucho que te quiero.

—Yo también te quiero, y me siento muy afortunada. Muchas personas no conocen el amor, yo he tenido la suerte de vivirlo en dos ocasiones, pero con todo, me hace falta tiempo para digerir lo sucedido.

—Lo sé y no te quiero presionar. De todas formas, lo que quisiera saber es si existe alguna posibilidad de que a la larga veas el futuro como yo.

—Creo que sí —dijo sonriendo con timidez y luego, inspirando profundamente, dejó que fueran sus emociones las que le dictaran las palabras—. Necesito tiempo para llegar hasta ahí. Podríamos posponer la conversación para después de Navidad.

Liz deseaba conmemorar el aniversario, por Jack, por sí misma y por los niños.

—Es todo lo que quería saber —respondió él con cariño, cogiéndole la mano desde el otro lado de la mesa—. Te quiero. Y no voy a apartarme de ti. Tenemos todo el tiempo del mundo para prepararlo. Siempre que los dos estemos de acuerdo en lo que queremos, no hay prisa.

Bill se mostraba razonable, tierno y comprensivo. No podía pedírsele más a un hombre y ni siquiera estaba segura de que Jack se hubiera mostrado tan atento. Había sido un hombre más impaciente y testarudo, mucho menos dispuesto a seguirla. Normalmente era Jack quien decidía lo que tenían que hacer. Con Bill era más una cuestión de compañerismo y a ella le gustaba.

Tomaron sin prisas la ruta de regreso a Tiburon aquella tarde y cuando llegaron, encontraron a los niños en la casa. Bill se fijó en que Megan levantaba una ceja al verla salir de su coche, pero por el momento la muchacha no dijo nada y esperó a más tarde, cuando los pequeños estaban ya en la cama y Peter estaba ocupado estudiando en su habitación.

—¿Qué hacías en el coche de Bill? —dijo Megan, cuando decidió enfrentarse a su madre aquella noche en su dormitorio—. ¿Has pasado el fin de semana con él?

Liz dudó un instante pero luego asintió. Si tenía que acabar casándose con él, y eso era lo que parecía deducirse por el cariz que había adoptado la relación, por lo que habían hablado aquel fin de semana, tenía que ser sincera con su hija.

—Sí. Hemos ido a Napa Valley.

—¡Mamá! —exclamó Megan—. ¡Es una vergüenza!

—¿Por qué? Estamos muy compenetrados y eso no es ninguna vergüenza, Meg. No hacemos daño a nadie. Creo que nos queremos.

Una píldora dura de tragar para la adolescente.

—¿Y papá? —preguntó Megan con lágrimas en los ojos.

—Papá está muerto, Meg. Le quise con toda el alma y le querré siempre. Lo de ahora es distinto, tanto para mí como para todos nosotros. Pero no pienso quedarme sola el resto de mi vida. Tengo derecho a compartirla con alguien. —Concluyó con todo el cariño que pudo transmitir en su tono, pero consciente de que tenía que decírselo.

—¡Qué asco! —exclamó Megan para ofenderla, furiosa con su madre—. No ha pasado ni un año desde la muerte de papá. No sabía que fueras una cualquiera, mamá.

Se lo dijo echando chispas por los ojos y Liz se levantó enfurecida. Nunca había puesto la mano encima de su hija ni pensaba hacerlo en aquel momento, pero tampoco podía consentir que se comportara de aquella forma.

—A mí no me hables así. Y ahora vete a tu habitación y no salgas hasta que seas capaz de comportarte como una persona. Si quieres hablar del tema conmigo, tienes todo el derecho a hacerlo, pero mostrándome el debido respeto.

—¡No tengo por qué guardarte respeto! —dijo Megan con orgullo desde el umbral de la puerta. Luego dio un portazo, se fue corriendo a la habitación de Peter y le contó lo que acababa de ocurrir pero este, en lugar de apoyarla, la insultó y le dijo que fuera inmediatamente a pedir perdón a su madre.

—¿De qué lado estás tú? ¡Vamos a ver! —dijo airada a su hermano.

—Del de ella —respondió Peter rotundamente—. Mamá lo ha hecho todo por nosotros y quiso a papá igual que tú o que yo. Ahora está sola, nadie le echa una mano ni cuida de ella, trabaja como una condenada por nosotros y para mantener abierto el bufete de papá. Además, Bill es un tipo estupendo, que me cae muy bien. Las cosas podían habernos salido mucho peor, o sea que si de verdad quieres saber de qué lado estoy, te diré claramente que del de ellos. Y no me exijas comprensión si te comportas como una impresentable con mamá, Meg.

—¡Tú eres imbécil! —gritó ella al borde del llanto—. Además, nos tiene a nosotros, no necesita un tipo con el que acostarse.

—No va a seguir durmiendo con Jamie el resto de su vida. ¿Y qué pasará cuando estemos en la universidad? Yo iré el año que viene, tú, dentro de dos años. ¿Entonces qué? ¿Tendrá que pasarse aquí la vida de brazos cruzados esperando nuestras visitas? Sin papá, ya no tiene vida. Fíjate en su existencia: no hace más que trabajar y llevarnos en coche de acá para allá. Se merece algo más que esto.

—De momento, no creo —respondió Megan, abrumada por todo lo que le acababa de decir su hermano, mientras se sentaba en la cama de este y empezaba a llorar—. Es muy pronto. Yo no estoy preparada. —Peter se sentó a su lado y la cogió por el hombro. Había madurado terriblemente durante aquel año y más incluso desde el accidente—. Echo de menos a papá —siguió ella entre sollozos, un poco como hacía Jamie.

—Y yo también —dijo Peter, intentando contener las lágrimas. Por mucho que hubiera madurado, por más juicio que tuviera, seguía echando de menos a su padre—. Pero no cambiará las cosas el hecho de que Bill esté aquí o no. Nada puede cambiarlas. Tenemos que aceptar lo ocurrido.

—No quiero —dijo ella en un gemido, manchándose de rímel la camiseta—. Quiero que vuelva.

Él no tenía nada que responder. Se limitó a abrazarla mientras lloraba, mientras ambos pensaban en su padre.

Luego, cuando hubieron hablado un rato y Megan se hubo tranquilizado un poco, se fue a pedir perdón a su madre. Después de abrir sin llamar, se quedó sin saber mucho qué hacer en el umbral de la puerta.

—No me gusta él, pero siento lo que he dicho de ti.

Era todo lo que podía ofrecerle y Liz reconoció la disculpa con expresión grave.

—Me sabe mal que te sientas tan desgraciada, Meg. Ya sé que esto no es fácil.

—Tú no sabes cómo lo vivimos nosotros. Ahora lo tienes a él —exclamó en tono acusador, y Liz la miró suspirando.

—Que esté con Bill no significa que no eche de menos a papá. A veces es al contrario, con él lo echo más en falta. No es fácil para ninguno de nosotros. Y soy consciente de cómo lo vivís vosotros.

Todos lo iban superando, pero muy lentamente.

—¿Le quieres de verdad, mamá?

Megan seguía aún horrorizada por lo que había dicho su madre; hubiera preferido no haber oído aquellas palabras.

—Creo que sí —respondió sinceramente—. Necesito tiempo para hacerme a la idea. Es una buena persona. De momento es todo lo que sé. Y me queda aún mucho que aclarar en cuanto a papá.

—Da la impresión de que quieres olvidarlo —dijo Megan con tristeza.

—No podría olvidarlo jamás, Meg. Haga lo que haga, vaya donde vaya... le he amado durante la mitad de mi vida, os tuvimos a vosotros... ocurrió lo que ocurrió... Algo que no es justo para ninguno de nosotros. Pero ahora tenemos que asumir lo ocurrido y seguir adelante, tal como él hubiera querido que hiciéramos.

—Lo dices para aliviar la conciencia.

—No, lo digo porque lo creo.

Megan se fue hacia su habitación negando con la cabeza. Su madre le había dado mucho que pensar y ni siquiera quería compartir sus reflexiones con sus hermanas. En cuanto hubo salido, Liz se dirigió al joyero que guardaba en el armario, se quitó la alianza que un día Jack había colocado en su dedo y tuvo la impresión de que se arrancaba el alma. Sin embargo, era consciente de que había llegado el momento. Peter se dio cuenta de ello a la mañana siguiente, pero no dijo nada ni a su madre ni a los demás, aunque le entristeciera la constatación.

Durante las dos semanas siguientes, Megan hizo un esfuerzo por mostrarse un poco más respetuosa cada vez que Bill pasó por la casa a recoger a Liz. No le hablaba mucho pero tampoco se mostraba grosera con él, algo que su madre le agradecía. Era todo lo que podía esperar por el momento. Jamie y Peter seguían siendo los más fervientes admiradores de Bill.

Liz pasaba mucho tiempo con Bill; iban a su piso y hacían el amor siempre que él no tenía que estar en el hospital. A veces también se reunían cuando estaba de guardia y entonces le tocaba saltar de la cama a la llamada del busca, pero a Liz no le molestaba aquello. Sentía un gran respeto por el trabajo de él, mucho más que por el suyo en aquella temporada. Había comentado en más de una ocasión a Bill que el derecho civil la deprimía. Parecía que ya no disfrutaba con lo que hacía. Con Jack había resultado interesante pero ahora ya no lo era. Lo consideraba una práctica frívola, inútil y sin sentido. Lo único que tenía lógica para ella era encontrar un arreglo satisfactorio para la custodia de los hijos de la pareja que se separaba.

—Quizá es que no puedo más —le dijo un día en que se encontraron en la cafetería del hospital para tomar un bocadillo. Venía de un juicio y estaba furiosa con uno de sus clientes, que se había comportado como un grosero con su esposa delante del juez. Liz se había visto tentada de abandonar el caso pero no lo había hecho—. Ya ni me gusta acudir a los tribunales.

—Puede que necesites un descanso.

No había tenido más que quince días de vacaciones el año anterior, trabajaba muchas noches y fines de semana y llevaba además una carga doble.

—Quizá lo más práctico sería inscribirme en una academia para esteticistas y encontrar un empleo en un instituto de belleza. Seguro que me sentiría más útil.

—No seas tan dura contigo misma —dijo él sonriendo.

Pero Liz seguía con expresión de desdicha.

—A Jack le encantaba el derecho civil, en realidad era más lo suyo que lo mío. Yo aprendí con la práctica a su lado. Pero ahora no sé...

Liz era una de las mejores abogadas de divorcios de la zona, y nadie habría imaginado que aquel campo no le gustaba. Habría sorprendido a cualquiera la conversación que seguían ella y Bill, pues quienes la conocían siempre la habían visto llena de energía, con brillantes ideas y sugerencias creativas. No obstante, últimamente se sentía como aquellas muñecas que se quedan sin pilas. Ya no disfrutaba con su trabajo ni se sentía feliz con él. Seguía tan solo porque creía que se lo debía a Jack.

Preguntó a Bill qué tenía intención de hacer el día de Acción de Gracias. Habían tocado el tema la semana anterior cuando él no sabía aún si estaría libre. Acababa de enterarse de que ni siquiera estaría de guardia. Era libre para hacer lo que quisiera, y no había planificado nada porque temía tener que trabajar.

—¿Por qué no vienes a casa? —le dijo Liz con toda normalidad.

Los hijos se estaban acostumbrando a él y podría constituir una buena ocasión para reunirse todos. A la familia le gustaba aquella festividad, cuando menos la había disfrutado mucho en vida de su padre. Liz sabía que este año iba a ser distinto para los niños y también para ella. Para evitar tensiones, incluso había procurado no animar a su madre para que les visitara.

Lo que no había previsto era la reacción de los niños cuando les comentó que Bill estaría con ellos. Megan tuvo un ataque, algo previsible, Rachel y Annie dijeron que no formaba parte de la familia y no tenía nada que hacer allí, e incluso Jamie quedó sorprendido con la invitación. Liz comentó a Peter que pensaba decir a Bill que sería mejor que no fuera, pero el muchacho consideró que sería jugarle una mala pasada y dijo que a él le parecía bien que celebrara la festividad con ellos. En definitiva, no hizo ningún comentario a Bill sobre la reacción de sus hijos. Pensó que probablemente los ánimos se calmarían, que, llegado el día, todos se mostrarían comprensivos. No tardó en darse cuenta de que había sido demasiado optimista. Cuando Bill llamó a la puerta, las tres muchachas seguían enojadas con su madre.

Apareció con americana de cheviot, pantalón gris y corbata roja. Liz llevaba un traje pantalón de terciopelo marrón. Las niñas iban muy arregladas, Peter se había puesto el traje que llevó en el funeral de su padre y Jamie, pantalón gris y chaqueta. Era un grupo que daba gusto ver. Cuando Liz sirvió a Bill una copa de vino, contempló el panorama y se sintió feliz de tenerlo allí con ellos. De repente se le ocurrió lo vacía que les debía de parecer a todos la mesa sin su padre. Aquella cena se habría convertido en otro triste recuerdo de su ausencia, en cambio de esta forma, con Bill presente, todos tenían que mantener el tipo y seguir una conversación normal entre ellos y con el invitado.

Siguiendo la tradición familiar, se sentaron en la mesa a las cinco, y en esta ocasión Liz la bendijo y los demás permanecieron un instante recogidos. Dio gracias a Dios por el sinfín de bendiciones recibidas, por los que estaban en la mesa y también por los ausentes, en concreto, Jack. Luego se produjo un largo silencio durante el cual Megan echó una mala mirada a Bill Webster. La madre dijo después «Amén» y se fue a la cocina con Peter a buscar el pavo.

Peter presidía la mesa, lo que recordó a todo el mundo de nuevo que las cosas habían cambiado. Y la cara nueva que se encontraba al lado de Liz acababa de subrayar la situación.

El pavo era espléndido: Liz lo había preparado a la perfección. Carole tenía el fin de semana libre y las niñas la habían ayudado con el relleno. A Rachel le gustaba mucho cocinar y Jamie, como siempre, había echado una mano. Peter intentó trocear el asado pero demostró ser totalmente inepto en este quehacer. Comoquiera que a Liz nunca se le había dado lo de cortar, Bill se levantó y, con una sonrisa, se acercó a la cabecera de la mesa.

—Permíteme que te eche una mano, hijo —dijo a Peter en tono afable.

Bill disfrutaba viendo a la familia alrededor de la mesa. Llevaba años sin celebrar un auténtico día de Acción de Gracias. Solía trabajar en esta festividad. Pero las palabras escogidas se habían clavado en el corazón de Megan como una lanza, y la muchacha soltó en voz baja, aunque lo suficientemente fuerte para que la oyera Bill:

—Peter no es su hijo —dijo con lengua viperina.

Bill quedó sorprendido y miró hacia Liz y luego a Megan.

—Lo siento, Megan. No pretendía herir a nadie.

Se hizo el silencio en el comedor mientras él iba partiendo con gran destreza el pavo. Liz iba repartiendo los platos excediéndose en los comentarios, como si quisiera compensar la embarazosa situación. Cuando hubieron terminado de servir, todo el mundo ya se había calmado.

Había más silencio en la mesa que en otros años. Era la primera vez que festejaban el día de Acción de Gracias sin su padre y todos tenían en la cabeza la angustia de la Navidad que se acercaba.

Bill preguntó si habían hecho ya sus compras navideñas y todo el mundo le miró con expresión lastimera. No era fácil conversar con aquella gente, menos mal que Jamie les hizo reír con alguna de sus salidas y que Annie aprovechó para recordar aquella ocasión en la que a su padre le había caído el pavo al suelo mientras lo cortaba en la cocina y nadie se lo había comentado a mamá. Liz se enteraba entonces de que un día había servido un pavo recién recogido del suelo de la cocina.

Bill rió con la anécdota, Liz le sirvió otra copa de vino, y cuando recogían los platos para llevarlos a la cocina y servir el pastel, Rachel dijo en voz alta que bebía demasiado y Bill la oyó.

—Tranquila, Rachel, que no estoy de guardia —dijo con una cálida sonrisa.

Ella no respondió y Bill siguió charlando con Jamie. Pese a que se había tomado tres copas de vino, no estaba borracho y se le veía tranquilo y feliz. Estuvo un rato hablando con el pequeño de fútbol americano.

—Papá no soportaba el fútbol —saltó Megan como guinda, pues se había propuesto amargarle la comida y todos lo veían.

—Es una lástima, Meg. A mí me parece un deporte extraordinario. Era el que yo practicaba en la universidad.

—Papá decía que solo los imbéciles y los brutos juegan al fútbol americano —añadió para coronarlo, y entonces tuvo que intervenir su madre.

—¡Basta, Megan!

—¡Tienes razón, mamá, basta! —Lanzó la servilleta y se levantó con lágrimas en los ojos—. ¿Por qué tiene que estar aquí con nosotros? No es nuestro padre, es solo tu novio.

Los otros quedaron atónitos, y Liz temblaba al responder:

—Bill es amigo nuestro y hoy celebramos el día de Acción de Gracias. Este es el significado de la festividad: los amigos que se reúnen alrededor de una mesa para dar las gracias y darse la mano en señal de fraternidad.

—¿Eso es lo que haces con él? ¿Darle la mano en señal de fraternidad? Apuesto a que vas mucho más lejos y a que papá te odia por tu conducta —dijo Megan.

Se levantó de la mesa, echó a correr escalera arriba, se metió en su habitación y la cerró con un portazo. Peter se volvió hacia Bill y le pidió disculpas. Pero Rachel y Annie abandonaron también la mesa, mientras Jamie, aprovechando que nadie lo veía, se sirvió otro trozo de pastel de manzana. Tenía demasiada buena pinta para desperdiciarse, y a aquellas alturas nadie más pensaba en comer.

—¡Y después hablan de las fiestas familiares...! —comentó Bill con expresión adusta mientras Liz lo observaba, abrumada. Se daba cuenta entonces de que había sido excesivamente ambiciosa al invitarle y de que incluirlo en la familia no iba a ser tan fácil como creía él. En realidad, se convertiría en una pesadilla.

—Voy a hablar con ella —dijo Peter, avergonzado por la actitud de sus hermanas, y luego añadió, dirigiéndose a Bill—: Lo siento muchísimo.

—Tranquilo. Lo comprendo.

Pero en realidad no era cierto. Tenía una expresión tensa y sombría cuando volvió la vista hacia Liz, quien se acercaba la servilleta a los ojos.

—Supongo que para ellas es más duro de lo que yo creía.

—No creas que para mí ha sido pan comido —observó él secamente—. Lo siento, pero el papel del intruso no es lo mío. Me tratan como si fuera un psicópata o el asesino de su padre.

Le habían herido en lo más profundo. Los hijos de Liz habían pisoteado sus sentimientos y él solo podía desquitarse con ella. Todo el mundo la emprendía con ella: Bill y tres de sus hijos. Solo Jamie parecía indiferente a todo aquello y seguía comiendo. Quedaban ellos tres en la mesa.

—Tienes que comprender lo difícil que es para ellas. El primer día de Acción de Gracias sin su padre.

—Lo sé, Liz, pero no es culpa mía —dijo levantando la voz hasta el punto que incluso Jamie le miró consternado.

—Nadie ha dicho que lo fuera, pero tú estás aquí y él no. La culpa es mía. Creo que no tenía que haberte invitado —dijo Liz llorando mientras Jamie les miraba a los dos en silencio.

—¿Y el año que viene? Tranquila, que me apuntaré para una guardia de setenta y dos horas en esta festividad. Queda claro que aquí seré persona non grata, como mínimo mientras tus hijos vivan contigo. —El enojo le abrumaba.

—¿Vendrás el año que viene el día de Acción de Gracias? —le preguntó Jamie con interés.

—Eso creía, pero ahora no lo sé —respondió bruscamente al niño y luego se arrepintió de ello. Le cogió la mano por encima de la mesa y bajó el tono para no asustarle—: Lo siento... Estoy disgustado...

—Megan ha sido muy grosera con mamá —dijo Jamie con toda naturalidad—. Y Annie también. ¿No les gustas?

Jamie parecía apenado por su amigo. Liz vio cómo Bill apretaba los dientes al responder:

—Supongo que no. Ahí está el quid de la cuestión, ¿verdad? —dijo dirigiéndose a Liz, quien deseaba tranquilizarle por todos los medios—. Aquí no se me acepta y me engaño a mí mismo si pienso que la situación cambiará algún día. Tal como ha precisado Megan al principio de la cena, no soy su padre ni lo seré nunca.

—Nadie espera que lo seas —respondió Liz en el tono más tranquilo que pudo conseguir—. Todo lo que tienes que ser es amigo de ellas. Nadie te pide que sustituyas a Jack —añadió en un susurro, intentando reprimir las lágrimas mientras él le dirigía una mirada fulminante.

—Puede que yo mismo me hiciera ilusiones, Liz. Tal vez ese es el problema. Me engañaba pensando que podía llegar a ser importante para ti y para ellos, y no tan solo un intruso, siempre en el papel de segundón. De... ¿cómo ha dicho Megan, «imbécil y bruto»?

—Pretendía provocarte.

Liz tenía que ser fiel a sus hijas pero también a él. Era una situación espantosa para ella.

—Pues lo ha conseguido —dijo él levantándose y dejando la servilleta sobre la mesa—. Creo que lo mejor será que os deje tranquilos y me tranquilice también yo. Ya es hora de que vuelva al hospital.

—Creía que hoy no trabajabas —dijo Liz con expresión perpleja y desilusionada. Él mismo le había dicho que tenía el día libre, y a raíz de aquello se había montado todo.

—Pero voy a ir de todas formas. Como mínimo allí conozco el terreno que piso. Me parece que las escenas familiares, sobre todo en fiestas, no son para mí. —En realidad se había comportado correctamente, aunque desde el primer momento llevaba las de perder y era consciente de ello. Desde que entró en aquella casa había estado en una situación sin salida. Miró a Liz, ninguno de los dos se movió pero ella comprendió que ocurría algo terrible y que a ambos les daba miedo expresarlo—. Gracias por la cena, Liz. Ya te llamaré.

Y sin decir una palabra más se fue hacia la puerta y salió cerrando de un portazo mientras ella permanecía sentada con la mirada perdida.

Jamie, que había terminado el pastel, se volvió hacia su madre para comentarle:

—Se ha olvidado de decirme adiós. ¿Está enfadado conmigo?

—No, cariño. Está enfadado conmigo. Tus hermanas han sido muy groseras con él.

—¿Vas a zurrarlas?

Liz sonrió ante aquella pregunta. Nunca lo había hecho, ni tenía intención de empezar ahora, pero la idea resultaba realmente tentadora.

—No, pero alguien debería hacerlo.

—Papá Noel pondrá carbón en sus calcetines —dijo el niño con aire serio y Liz esbozó una sonrisa triste. Pensar en Navidad le daba escalofríos. Sería el aniversario de la muerte de Jack y tenía claro que, después de lo ocurrido, por nada del mundo podía invitar a Bill a ninguna de las celebraciones. La de aquel día le había ofrecido una dura lección.

Ella y Jamie recogieron la mesa y luego se fue arriba a hablar con sus hijas. Encontró a Peter con ellas y se dio cuenta de que Megan había estado llorando.

—¡Le odio! —saltó al ver a su madre, quien hizo todo lo posible por mantener la calma a pesar del embrollo que había provocado. Comprendía lo que había detrás de aquella actitud.

—No creo que sea cierto, Meg. ¿Por qué ibas a odiarle? Es una persona agradable aunque jugara a fútbol americano en la universidad. Lo que tú odias es que tu padre ya no esté aquí. Lo mismo que me ocurre a mí. Pero no podemos hacer nada por remediarlo. Y tampoco es culpa de Bill. No tenía que haberle invitado a cenar con nosotros hoy y siento mucho haberlo hecho.

Peter le acarició el brazo y le sonrió con cariño. Admiraba muchísimo a su madre. Sabía que siempre podían contar con ella y cuánto les quería. Había estado a su lado aquel verano después del accidente. Le sabía mal que el día de Acción de Gracias hubiera acabado de una forma tan desastrosa y que Bill se hubiera convertido en el chivo expiatorio de Megan. Lo mismo que Liz, él comprendía perfectamente lo que tenía su hermana en la cabeza. Mucho mejor que Bill. En su opinión, Bill había reaccionado de una forma exagerada, y así se lo contó a su madre cuando la acompañó a su habitación más tarde.

—No sé si debo echarle la culpa a él. Las niñas saben cómo hacer daño y él no está acostumbrado. No tiene hijos, estuvo casado pero de eso ya hace años. Creo que se siente herido. Me imagino que no soporta que le comparen con tu padre.

—Dale tiempo —dijo Peter sonriendo—. Ellas acabarán por acostumbrarse a él —añadió, optimista.

—Eso espero.

Liz permaneció un rato tumbada en la cama en la penumbra, vestida, aunque sin zapatos, pensando en Jack, en Bill y en sus hijos. La situación era complicada y tenía que enfrentarse a su dolor y a sus sentimientos. Precisamente lo que solía dejar a un lado, pues en general estaba demasiado ocupada resolviendo los problemas de los demás. Empezó a llorar pensando en su marido y en lo que le echaba de menos. Jack había dejado un vacío enorme y a veces creía que no había forma de llenarlo. Amaba a Bill pero no de la forma en que había amado a su marido. Como mínimo, de momento, aunque pensaba que algún día podía llegar a hacerlo. Sin embargo, siempre sería distinto porque eran personas muy diferentes.

Sonó el teléfono cuando seguía tumbada en la oscuridad y cogió el auricular sin encender la luz. Era Bill, y por su tono notó que estaba alterado. No parecía haberse calmado sino todo lo contrario, de modo que empezó comunicándole que tenía algo que decirle.

—¿De qué se trata? —preguntó ella con los ojos cerrados, aún aferrada a Jack, apenada por lo que había sucedido. Veía ante ella la ascensión al Everest aunque llevaba ya once meses subiendo.

—Lo siento, Liz, pero no puedo seguir. Lo he estado pensando y no sé qué me ha ocurrido. Creo que durante una temporada he enloquecido. Te conocí, me enamoré, tu familia me pareció tan sana desde fuera, y a ti te vi tan desprotegida, que caí en la trampa. Pero aquel no era yo y lo único que quiero es salir de esta situación.

Liz abrió de repente los ojos y los clavó en la oscuridad mientras escuchaba.

—¿Qué es lo que me estás diciendo?

No hacía falta la pregunta. Ella sabía la respuesta. Se lo había dejado muy claro, aunque no quería admitirlo.

—Digo que he cometido un error y que todo ha terminado. Te quiero y considero que tienes unos hijos estupendos. Pero yo no puedo seguir. Hoy Megan nos ha hecho un gran favor a todos. Podíamos tardar meses o incluso años en darnos cuenta de la evidencia. Lo he visto clarísimo en cuanto he salido. He ido a correr y de pronto lo he comprendido todo. Durante un tiempo he sido un insensato, pero ya no lo soy... Liz... lo siento... pero todo ha terminado.

Liz ni siquiera encontraba palabras para responderle. Era como si alguien le hubiera dado un puñetazo en el pecho y le hubiera quitado la respiración. Había enmudecido. Lo único que le venía a la cabeza era el pánico que se apoderó de ella cuando murió Jack. Y ahora perdía a Bill. Apenas había tenido tiempo de acostumbrarse a él, de abrirle la puerta de su corazón y él ya quería salir de su vida. Todo había terminado. En un abrir y cerrar de ojos lo había perdido. Gracias, Megan.

—¿No quieres pensarlo un poco? —Intentó razonar con él de la forma que lo habría hecho con sus hijos—. Te sientes herido y tienes miedo. Ellas se acostumbrarán a ti. Solo necesitan tiempo.

—No tiene ningún sentido, Liz. No es eso lo que yo quiero. Ahora lo veo muy claro. Los dos deberíamos estar contentos de haberlo descubierto. —Pero no era así como se sentía ella, sino más bien destrozada—. Te llamaré dentro de unos días para ver cómo estás. Lo siento, lo siento de verdad, pero es así como tenían que haber ido las cosas. Estoy seguro.

¿Qué sabía él? ¿Cómo lo sabía? Dos de sus hijas se habían mostrado groseras con él, pero eran unas crías, que además echaban de menos a su padre.

—¿Por qué no te calmas un poco y lo hablamos más tarde?

—No hay nada de que hablar. —Su tono demostraba que estaba asustado—. Se acabó, Liz. Te lo digo en serio, esto ha terminado. Tienes que comprenderlo.

¿Por qué? ¿Por qué ella tenía que comprender todas las conductas odiosas de los demás? ¿Por qué tenía que buscar excusas para él y para sus hijas? ¿Por qué era ella la que perdía cada vez? Los demás perdían, pero ella muchísimo más.

—Te quiero —dijo ella con toda claridad antes de que las lágrimas le impidieran hablar.

—Lo superarás. Y yo también. No necesito otro divorcio ni tú más problemas en tu vida. Ya tienes bastantes sin mí. Diles a las niñas que se tranquilicen, pues no volverán a ver al imbécil ese. Incluso pueden celebrarlo.

Se expresaba con amargura, con enojo, como un niño enfurruñado, pero Liz no conseguía conectar con él.

—Jamie y Peter te quieren mucho. ¿Qué tengo que decirles?

—Que cometimos un error y lo subsanamos antes de que fuera demasiado tarde. Eso los tranquilizará, lo mismo que a nosotros, algún día. Y ahora tengo que colgar, Liz, pues no tengo más que decirte. Adiós.

Pronunció aquellas últimas palabras en un tono tan definitivo que Liz quedó con el corazón en un puño y Bill colgó antes de que ella pudiera responder.

Liz se quedó con el teléfono en la mano en la oscuridad y llorando a mares cuando colgó el auricular. No acertaba a comprender lo que acababa de ocurrir. Así, de golpe y porrazo, había visto clarísimo que todo se había terminado.

«Clarísimo» le parecía un término de lo más apropiado. Tenía ganas de zarandearlo. Pero ni siquiera estaba enojada con él, sobre todo porque estaba deshecha. Y en esta ocasión fue por Bill y no por su marido por quien lloró hasta que la venció el sueño.

11

Liz consiguió pasar a duras penas los días que siguieron al desastre del día de Acción de Gracias y no comentó a nadie que Bill había roto con ella, ni siquiera a Victoria, con quien habló varias veces por teléfono, y mucho menos a su madre, pues a buen seguro habría tenido mucho que decir al respecto. En efecto, Helen le había advertido de que era un error invitarle a la celebración del día de Acción de Gracias. En aquel momento, Liz pensó que su madre estaba celosa porque no la había invitado a ella, a pesar de que habían hablado de pasar las Navidades juntos.

Hacía meses que Liz no se sentía tan mal. Notaba tristeza y cansancio y se mostraba irritable con los niños. Al principio, Carole y Jean dieron la culpa al tormento de las fiestas que se acercaban por los recuerdos que iban a avivar. Pero fue esta última la que comprendió por fin lo que había ocurrido. Bill ya no llamaba por teléfono.

—¿Os habéis peleado? —le preguntó con suma cautela, al cabo de una semana, un día que Liz regresaba de los juzgados.

Liz la miró con expresión sombría y su secretaria se fijó en las ojeras que tenía. Había adelgazado durante aquellos días y dormía aún menos que antes.

—Me ha dejado. El día de Acción de Gracias mis hijas se portaron fatal con él. Mejor dicho, Megan y Rachel se comportaron mal. Y él no pudo soportarlo. Es cierto que se mostraron terriblemente groseras, pero al parecer era lo que le hacía falta para convencerse de que todo era un gran error y de que nuestra relación era fruto de una insensatez pasajera. Quince días antes, me había pedido que me casara con él por San Valentín. Pero el compromiso no pasó del mes de noviembre.

—Puede que esté simplemente asustado —aventuró Jean. No había visto a Liz en aquel estado desde hacía mucho tiempo y aquello la inquietaba. Notaba que lo pasaba muy mal y además aquel día las cosas le habían salido al revés en el tribunal. No le habían aceptado la moción presentada, con lo que aún se sentía más deprimida. Pero la cuestión no radicaba tanto en la moción como en Bill—. Volverá, Liz. Deja que se calme unos días.

—No lo creo. Me parece que hablaba en serio.

Y tuvo la confirmación cuando intentó ponerse en contacto con él por teléfono el fin de semana y este no le devolvió la llamada. A regañadientes, le dejó un mensaje en el busca. Bill la llamó por fin al cabo de unas horas, y en un tono distante y glacial le comentó que había estado ocupado atendiendo a una urgencia.

—Solo quería saber qué tal estabas —dijo Liz esforzándose por adoptar un tono animado, pero vio que a él no le interesaba seguir la conversación.

—Estoy bien, Liz. Gracias por la llamada. Oye, lo siento, pero estoy muy ocupado.

—Llámame un día de estos. —Liz no soportaba mostrarse tan desamparada, pero él acabó de ponerla en su sitio.

—No creo que sea una buena idea de momento. Los dos tenemos que recuperarnos del golpe y superar lo ocurrido.

—¿A qué te refieres? —preguntó ella, presionándole, actitud que al otro no le gustó nada.

—Sabes perfectamente a qué me refiero: he recuperado el juicio. No encajo en tu familia, Liz, ni me interesa intentar encajar. Eres una mujer extraordinaria, te quiero, pero esto no puede funcionar. Como mínimo por mi parte. Cuando tú y los niños hayáis superado la pérdida de Jack, y tardaréis un tiempo en conseguirlo, encontrarás a otro.

Sin embargo, no era en Jack en quien había estado pensando durante la última semana, sino en Bill. Por primera vez en once meses, la imagen de Jack parecía desvanecerse en sus recuerdos y el dolor que le había infligido Bill al dejarla resultaba mucho más agudo y angustioso.

—Si es verdad que nos queremos, podemos solucionarlo. ¿Por qué no lo intentamos?

—Por una razón muy importante —respondió él sin rodeos—: no me interesa. No me interesa casarme ni tener hijos, sobre todo los hijos de otra persona que me rechazan. El otro día lo dejaron muy claro y yo lo comprendí.

—A la larga acabarán por amoldarse.

Liz estaba suplicándole y ni ella misma soportaba aquella actitud. Se humillaba pero no le importaba. Comprendía hasta qué punto le amaba. Pero ya era demasiado tarde: Bill se negaba a darle una oportunidad para solucionarlo.

—Puede que se amoldaran, Liz, pero yo no. Es más, no me apetece. Búscate a otro.

Era una salida cruel, pero resumía bien su idea.

—Te quiero a ti. No se trata de un medicamento genérico, doctor.

—No puedo hacer nada por ti —repuso él fríamente—. Y tengo que volver a urgencias, donde me espera un crío de cinco años con una traqueotomía. Feliz Navidad, Liz.

Ella habría querido odiarle por su brutalidad pero no lo conseguía. Ni energía le quedaba para el odio. Era como si alguien la hubiera desenchufado de la fuente de alimentación el día de Acción de Gracias, y en cierta manera Bill lo había hecho, dejándola.

Volvió a casa aquella tarde más triste y derrotada que nunca, y le acabó de dar el mazazo Jamie, que estaba preparando galletas con Carole, cuando le preguntó dónde estaba Bill. Una pregunta interesante. No sabía qué responder a su hijo. ¿Se ha ido? ¿Se ha terminado? ¿No le veremos más? ¿Ya no nos quiere? Era difícil encontrar la respuesta adecuada.

—Está... muy ocupado, Jamie. De momento no tiene tiempo para vernos.

—¿Se ha muerto? —preguntó el niño preocupado.

Para Jamie, las personas que desaparecían de la noche a la mañana, como su padre, probablemente habían muerto.

—No, no ha muerto. Pero no tiene ganas de vernos durante una temporada.

—¿Está enfadado conmigo?

—No, cariño, no está enfadado contigo.

—Dijo que me llevaría a hacer volar la cometa y no lo ha hecho. Tenía que enseñarme la cometa que hizo él.

—Tal vez tengas que pedir una a Papá Noel este año —dijo Liz agotada.

No podía comentarle mucho más. Bill Webster había desaparecido de sus vidas y ella no podía remediarlo. Era consciente de que ni la súplica lo haría volver. Ni que se lo pidiera con subterfugios, con razonamientos o con todo el amor del mundo. Aquella tarde, por teléfono, lo había probado todo y una cosa le había quedado clara: Bill no quería saber nada de ella. No había discusión posible. Tenía derecho a tomar sus decisiones.

—Si Papá Noel me trae una cometa no será igual —dijo Jamie, desanimado—. La de Bill es distinta porque la hizo él.

—Tal vez podamos hacer una nosotros —respondió ella conteniendo las lágrimas.

Si había sido capaz de prepararle para el salto de longitud, también podría aprender a hacer una cometa. Pero ¿qué más tendría que hacer por ellos? ¿Cuántas cosas debería aprender, a cuántas personas tendría que suplantar para que todos estuvieran contentos? Y todo porque un enajenado había matado a Jack y porque Bill Webster se había alejado de ella en un ataque de pánico. ¿Por qué le tocaba siempre a ella solucionarlo todo? Aquella pregunta la tenía obsesionada.

Carole salió a recoger a las niñas y en cuanto estuvieron de vuelta, Jamie las puso al corriente de la noticia:

—Bill no quiere volver a vernos.

—¡Qué bien! —exclamó Megan en voz alta, y acto seguido, mirando a su madre, se sintió culpable. Se dio cuenta de que lo pasaba muy mal.

—Un comentario muy poco afortunado, Meg —dijo Liz en voz baja; Megan la vio tan triste que le pidió disculpas.

—Es que no me gusta —añadió.

—Apenas le conoces —replicó Liz.

Megan asintió y las chicas se fueron arriba a estudiar. Quedaban tres semanas antes de las vacaciones de Navidad, pero el ambiente de la casa no tenía nada de navideño. A Liz le partió el alma tener que sacar las típicas decoraciones de la época.

Decidió que aquel año no pondrían luces fuera de la casa ni en los árboles del exterior, como hacía siempre Jack. Se limitarían a decorar el interior. Quince días antes de Navidad, se los llevó a todos a comprar el abeto, aunque a nadie le entusiasmaba aquello.

Hacía ya un par de semanas que no sabía nada de Bill y sospechaba que ya no tendría más noticias de él. Había tomado su decisión y pretendía mantenerla. También había comunicado la noticia por fin a Victoria, quien sintió una gran pena por ella y le propuso salir a comer juntas, pero Liz ni siquiera tenía ganas de verla.

Cuanto más se acercaba la Navidad, más pesada se hacía la atmósfera de aquella casa. Todos iban hundiéndose lentamente en el pozo de la depresión. Hacía ya casi un año que Jack había muerto y de pronto tenían la impresión de que había sido ayer. Los niños hablaban de él constantemente. Liz creía vivir entre la aflicción de haber perdido a Bill y los recuerdos de su difunto marido. Pasaba muchas horas en su habitación y no veía casi a nadie. Rechazó todas las invitaciones para las fiestas navideñas e incluso decidió no invitar a su madre. Le dijo que prefería estar sola con los niños. A Helen le supo mal, pero dijo que lo comprendía y que invitaría a su casa a una amiga suya, también viuda, para pasar la Navidad juntas.

Lo único navideño que hicieron Liz y sus hijos fue decorar el árbol y preparar las típicas galletas, y todo eso ella lo hizo rezando para que se acabaran pronto aquellas fiestas.

De pronto se le ocurrió que podría llevar a los niños a esquiar entre Navidad y Año Nuevo, pero vio que tampoco estaban de humor para eso y decidieron quedarse en casa, hundiéndose lentamente en las arenas movedizas de los dolorosos recuerdos que iban engulléndolos.

Estaba en su despacho la semana antes de Navidad cuando una de sus clientes la llamó y le pidió, con voz entrecortada, si podía recibirla enseguida. Liz tenía un rato libre aquella tarde y aceptó verla. Lo que le contó aquella mujer no le gustó nada. Su ex marido ponía constantemente en peligro la vida de su hijo de seis años: lo había llevado en moto por la autopista sin casco; justo después de sacarse el permiso de pilotar helicópteros, lo había llevado a dar una vuelta con uno de estos aparatos y lo dejaba ir solo a la escuela en bicicleta, en medio del tráfico, también sin casco. La cliente de Liz pretendía retirar el derecho a las visitas a su ex marido y, para acabarlo de redondear, también pretendía quitarle parte de sus bienes. Pero en cuanto se lo hubo explicado, Liz recordó algo que la llenó de tristeza e hizo un gesto de rotunda negativa.

—No vamos a hacerle esto —respondió sin dudarlo ni un solo instante—. Voy a solicitar una mediación y estableceremos una lista con las cosas que él no podrá hacer con su hijo. Pero no lo llevaremos ante los tribunales ni actuaremos contra su patrimonio —concluyó de una forma tan vehemente que su cliente la miró con cierta desconfianza.

—¿Por qué? —preguntó, pensando por un momento que su marido estaba en connivencia con ella.

—Porque podemos pagarlo demasiado caro —se limitó a decir Liz. A pesar de que en las tres últimas semanas había perdido cinco kilos y se la veía cansada y pálida, su cliente la vio tan firme y seria que a la fuerza tuvo que escucharla—. Tuve en una ocasión un caso parecido al suyo, aunque en aquel no estaba implicado un niño. La única forma de obligar al hombre a cumplir sus compromisos fue la de inmovilizar sus bienes.

—¿Y funcionó? —preguntó la mujer esperanzada, pues le parecía una buena salida, independientemente de lo que pudiera opinar Liz.

—No. Mató a su esposa, a mi marido y luego se suicidó, y eso ocurrió el año pasado en Navidad. Si ataca exageradamente a su marido, él puede volverse contra usted o contra su hijo. Y yo no pienso ser cómplice de ello.

Se hizo un largo silencio mientras la mujer iba asintiendo lentamente.

—Lo siento.

—Gracias. Yo también lo siento, créame. Le diré lo que podemos hacer.

Confeccionaron una lista de las actividades que ellas consideraban peligrosas y que iban a prohibir al marido, y luego Liz llamó al mediador designado por el tribunal, quien se encontraba desbordado, por lo que en su despacho no pudieron darles cita hasta el once de enero. Pasarían más de tres semanas y para paliar la situación, Liz aceptó escribir una carta de advertencia al marido.

—No servirá absolutamente de nada —dijo la mujer, mirando a Liz con tristeza—. Ese no lo entiende a menos que sea a martillazos.

—Pero este es un sistema que puede tener consecuencias para usted o para su hijo —insistió Liz—. Y supongo que no es lo que usted pretende.

Después de la amenaza, la mujer salió del despacho de Liz con sensación de impotencia. Pero al menos esta estaba convencida de no haber puesto en peligro a su cliente o al hijo, y cuando llegó a su casa aquella noche comprobó, satisfecha, que en el hogar había un ambiente más animado.

Había sido el último día de clases y Carole había prometido a los más pequeños llevarlos a patinar. Peter había quedado con su nueva novia para cenar e ir al cine. Así pues, Liz se disponía a pasar una velada tranquila en solitario cuando, a las nueve y media, sonó el teléfono. Oyó una voz histérica que le costó un poco reconocer. Se trataba de la cliente que la había visitado aquella tarde, para la que había programado la mediación. Para tranquilizarla, le había dado su número particular. La mujer se llamaba Helene y hablaba con cierta incoherencia.

—Cálmese, Helene, y procure explicarme lo que ha sucedido.

Liz tardó casi cinco minutos en comprender la situación. Su marido, Scott, había llevado al hijo de ambos, Justin, a dar una vuelta en moto por las colinas de San Francisco. La mujer no sabía si él estaba borracho o no en el momento de los hechos, pero era una posibilidad, además el niño iba sin casco cuando les embistió un camión. Justin se había roto las dos piernas y tenía una herida en la cabeza; a pesar de que, por puro milagro, había aterrizado en el césped de una casa. Estaba en la unidad de cuidados intensivos del hospital pediátrico de San Francisco, mientras que el padre había quedado en coma y su estado era crítico. La policía había ido a casa de Helene a darle la noticia. Lo único que tranquilizaba a Liz en aquellos instantes era que, aun en el caso de que hubiera aceptado llevar a aquel mal nacido ante los tribunales, seguirían a la espera y el accidente se habría producido igual. No era culpa suya, pero, con todo, el hijo de Helene corría un grave peligro.

—¿Dónde se encuentra ahora? —le preguntó Liz al tiempo que se levantaba de la cama y cogía el bolso que tenía al pie de esta.

—En la UCI del hospital pediátrico.

—¿Hay alguien con usted?

—No, estoy sola —sollozó la mujer.

Helene procedía de Nueva York y tenía intención de volver allí en cuanto su marido se lo permitiera.

—Estaré ahí en veinte minutos —dijo Liz.

Colgó sin esperar respuesta. Cogió el abrigo al salir y se alegró de haber decidido no ir a patinar con los niños. En un primer momento se había sentido culpable de no acompañarles, pero finalmente había decidido que se encontraba demasiado cansada y deprimida.

Dieciocho minutos después aparcaba delante del hospital. Al llegar a la unidad de cuidados intensivos encontró a Helene llorando abrazada a una enfermera. Acababan de subir a Justin para colocarle unos clavos en las piernas, pero la enfermera le dijo que el niño estaba consciente y que la herida de la cabeza era un ligera conmoción cerebral. Justin había tenido mucha suerte.

Al encontrarse en el hospital esperando, Liz se acordó otra vez de Bill. Se preguntó cómo estaba y qué haría. Sabía que no tenía ninguna lógica seguir pensando en él, pues habían pasado más de tres semanas y él no volvería a llamarla. Había tomado una decisión y la mantenía. Bill era así. Liz y su familia le daban demasiado miedo.

Sacaron a Justin de la sala de operaciones poco después de las doce. El niño seguía sedado, llevaba vendajes hasta las caderas y parecía una muñeca de trapo, pero el médico dijo que se recuperaría perfectamente y que quedaría como nuevo, a los seis meses, cuando le quitaran los clavos.

Helene lloraba al escucharlo, aunque estaba algo más tranquila que cuando había llegado Liz. Habían hablado durante mucho tiempo de lo que iban a hacer. La mujer había convencido por fin a Liz: lo llevarían ante los tribunales y procurarían restringir al máximo los derechos del marido sobre Justin y luego ella volvería a Nueva York. Helene era joven, tenía allí a su familia y también a un antiguo novio que la había estado llamando últimamente e incluso le hablaba de matrimonio. Liz quería que se fuera de la ciudad y lo más lejos posible de su ex marido.

—Y luego —dijo Liz con una sonrisa algo triste mientras Helene la acompañaba al ascensor y le agradeció que hubiera estado con ella toda la noche—, luego me retiraré —prosiguió con un suspiro de alivio.

Era todo lo que deseaba. Ya no soportaba el derecho civil y llevaba meses pensando en dejarlo. Lo ocurrido aquella noche la había acabado de convencer. Lo había reflexionado camino del hospital y ahora estaba segura de la decisión.

—¿A qué se dedicará, pues?

—A cultivar rosales —dijo riendo— y a hacer calceta. No, en serio, me dedicaré a algo que me gusta de verdad desde hace mucho tiempo. A defender a los niños. Trabajaré desde casa y cerraré el bufete que compartí con mi marido. Lo he mantenido abierto sola durante un año y ahora veo que no quiero seguir.

Dijo aquello con una expresión de alivio que no había mostrado hacía semanas. Helene le dio otra vez las gracias antes de despedirse.

—La llamaré cuando sepa la fecha del juicio —dijo sonriendo mientras se cerraban las puertas del ascensor.

De camino hacia el coche, después de haberse quitado un peso de encima, veía claro que había tomado la decisión correcta. Pensó si Bill se había sentido así después de llamarla para decirle que todo había terminado. Tal vez sí. Quizá ella había representado una carga tan fuerte para él, algo tan insoportable como había sido el trabajo después de la muerte de Jack para ella. En este caso, tenía que respetar la decisión de Bill. Y Liz había tomado la suya aquella noche sentada en la sala de espera, cogiendo la mano de Helene, y deseando matar a su ex marido por lo que acababa de hacer a Justin con tanta irresponsabilidad y negligencia. El ex marido de Helene seguía en coma cuando Liz abandonó el hospital. Existía una posibilidad de deterioro cerebral, pero como mínimo Justin estaba bien y para Liz aquello era lo principal.

Llegó a su casa de Hope Street poco después de la una. Todo el mundo estaba en la cama menos Peter, quien acababa de entrar. Le sorprendió ver a su madre. Sabía que ya no salía si no era para ir a trabajar. Desde que había roto con Bill no había pasado una sola velada fuera.

—¿De dónde vienes, mamá?

—Del hospital, con una cliente. Es una historia muy larga.

Charlaron un momento y luego ella subió a su habitación. Estaba agotada, pero contenta con la decisión que había tomado aquella noche. No tenía la menor duda de que era la correcta.

A la mañana siguiente, al llegar al despacho, llamó al tribunal para pedir fecha para una vista. Luego telefoneó a Helene al hospital para contárselo. Esta le comentó que Justin estaba bien y que tendría el alta al cabo de unos días, pero cuando Liz le precisó la fecha de la audiencia, dijo que ya no hacía falta.

—Supongo que no se sentirá culpable de demandarle, Helene. Ningún juez de ningún país se mostraría clemente con un hombre que se hubiera llevado a su hijo de seis años a dar una vuelta en moto sin casco. Ahora que dispone de armas infalibles contra él haría bien en utilizarlas.

—No hace falta.

—¿Por qué? —Liz estaba atónita. Solo tenía en la cabeza lo que iba a decir ante el tribunal. Habían fijado la fecha entre Navidad y Año Nuevo.

—Esta noche Scott ha muerto a causa de una hemorragia cerebral —dijo Helene en un tono que reflejaba tristeza. Al fin y al cabo había sido su marido y el padre de su hijo.

—Oh... —exclamó Liz y luego permaneció en silencio un momento—. Lo siento.

—Yo también lo siento... Le he odiado durante los dos últimos años, pero sigue siendo el padre de Justin. Aún no se lo he dicho al niño.

Al oír esto, Liz cerró los ojos y empezó a recordar.

—Lo siento muchísimo. —Sabía que Justin quedaría destrozado—. Si puedo hacer algo, no dude en pedírmelo.

—Supongo que usted vivió una situación parecida, con sus hijos.

—Pues sí. Y será duro durante un tiempo. Nosotros aún no lo hemos superado.

—En cuanto Justin pueda viajar, nos iremos a Nueva York, a casa de mis padres.

—Creo que es muy buena idea.

Colgaron poco después, y Liz seguía pensativa cuando Jean entró en su despacho.

—¿Qué es lo que ha ocurrido? —preguntó esta, pues había oído decir a Liz que lo sentía y sabía que había pasado casi toda la noche en el hospital con ella. Le sorprendió la noticia.

—Es increíble lo que puede llegar a hacer la gente con sus hijos —exclamó Jean con gesto de desaprobación.

—Lo que nos lleva a otra mala noticia —dijo Liz, con sentimiento de culpabilidad. Llevaba toda la mañana pensando en darle aquella noticia tan buena para ella pero no tanto para Jean, a quien, por otra parte, iba a echar mucho de menos—. Es algo que solo te puedo decir sin rodeos —siguió con aquella franqueza que a Jean tanto le gustaba en ella—. Voy a cerrar el bufete.

—¿Te retiras?

Jean quedó pasmada a pesar de que la noticia no tenía que sorprenderla. Liz había asumido una inmensa carga desde la muerte de su marido y su secretaria sabía que, tarde o temprano, decidiría tirar la toalla. La verdad es que podía seguir,

pero no tenía ganas de hacerlo. Sin Jack, n[...]
Y tampoco le interesaba tener otro socio.

—Voy a trabajar a tiempo parcial en casa y [...]
defensa de los niños. De todo lo que he hecho, es lo q[...]
me ha gustado. No soporto las refriegas, las marrullerías, las
bravatas y todas esas sandeces. Siempre fue más el estilo de
Jack que el mío. Me preocupan los niños y a ellos voy a dedi-
carme ahora.

Jean esbozó una amplia sonrisa y se acercó a ella para
abrazarla.

—Has tomado la decisión correcta, guapa. Este despacho acabaría matándote. Vas a ser una estupenda abogada de
niños.

—Eso espero —dijo Liz, algo intranquila—. Pero ¿qué
vas a hacer tú? Llevo toda la mañana pensándolo.

—Ya es hora de que yo madure también. Puede parecer
una locura a mi edad... —Jean tenía cuarenta y tres años—.
Pero quiero matricularme en derecho.

A Liz se le iluminó la expresión y luego se echó a reír.
Aquella era la situación perfecta.

—Pero no te especialices en derecho civil. No lo sopor-
tarías.

—Lo que me interesa es el derecho penal y trabajar en la
oficina del fiscal.

—Muy buena idea.

Liz calculó que tardaría tres semanas en cerrar sus casos.
Luego se tomaría unos meses libres, y entonces aprovecharía
para contar su proyecto a todo el mundo. Bien merecía un
descanso y tenía la intención de pasar aquel tiempo con sus
hijos. Habían tenido paciencia durante el último año, mientras ella mantenía mil cosas en marcha y trabajaba veinticuatro horas sobre veinticuatro. Les debía un poco más de dedicación.

—Si me matriculo antes de fin de año —dijo Jean, contenta—, podría empezar en junio o como muy tarde en septiem-

Así yo también tendría un par de meses libres. A las dos ⌐s vendrán bien.

Ambas mujeres tenían la impresión de haber envejecido un siglo en aquel último año, aunque físicamente no se les notara.

Liz seguía en su despacho charlando con Jean cuando llamó Carole. Respondió Jean, quien adivinó cierto pánico en el tono de aquella mujer aunque no hizo ningún comentario a Liz cuando le pasó el teléfono. Pensó que eran imaginaciones suyas, que Carole estaría agobiada con todos los niños en casa.

—Hola —exclamó Liz contenta y relajada después de haber tomado aquella trascendental decisión—. ¿Qué hay de nuevo?

—Jamie.

La forma de pronunciar aquel nombre recordó a Liz una situación parecida durante el verano anterior. En ciertas ocasiones, Carole era parca en palabras.

—¿Qué ha pasado? —Liz notó que el pánico se apoderaba de ella mientras esperaba la respuesta de Carole.

—Quería colgar un ángel de cartón piedra que habíamos hecho para el árbol. Ha cogido la escalera mientras yo me ocupaba de Meg y se ha caído. Me parece que se ha roto el brazo.

—¡Vaya! —Faltaban cinco días para Navidad. Aguzando un poco el oído, Liz oyó el llanto de Jamie al fondo—. ¿Se ha hecho mucho daño?

—Me da mala espina.

—Nos vemos en el hospital, salgo ahora mismo.

Como mínimo, no era algo tan grave como lo que le había sucedido a Peter, o a Justin la noche anterior. Pero era la primera vez que Jamie se rompía algo y Liz imaginaba que estaría muerto de miedo. Cogió el abrigo y el bolso y se fue corriendo hacia la puerta al tiempo que Jean le preguntaba qué había ocurrido.

—Brazo roto —gritó corriendo escaleras abajo.

Parecía que nunca tendría un minuto para sentarse tranquilamente a disfrutar de la vida. Aunque, ¿había algo de qué disfrutar en aquella época? La Navidad se les echaba encima como un negro lobo. Jack ya no estaba ahí y Bill tampoco. Feliz Navidad.

12

Liz entró corriendo en urgencias como había hecho la noche anterior en el hospital pediátrico, pero esta vez ella era la madre preocupada y no la profesional que acudía a reconfortar a alguien. La cosa cambiaba. Cuando llegó se dio cuenta de que Jamie sufría bastante, que soltaba un chillido cada vez que una enfermera intentaba tocarlo. Al ver de qué modo sobresalía el hueso del brazo, estuvo a punto de marearse. Quedaba claro que estaba roto. Lo que faltaba por saber era por cuántos puntos.

Intentaban razonar con el pequeño pero habían llegado ya a la conclusión de que tendrían que sedarlo y llevarlo luego arriba para hacer la intervención. Habían llamado a un traumatólogo. Carole estaba inquieta y se sentía culpable.

—Lo siento muchísimo, Liz... Cinco minutos que lo he perdido de vista...

—Tranquila, que lo mismo podía haber ocurrido conmigo en la casa.

Jamie hacía cosas así a veces. En realidad todos los críos las hacían. Pero Jamie, por razones obvias, era un poco menos prudente y tenía menos estabilidad que muchos niños de su edad. Liz intentaba en vano calmarlo, porque el pequeño chillaba tanto que ni siquiera la oía. Sufría mucho; se había medio sentado en la camilla, permanecía encogido y no permitía que nadie se le acercara. El panorama era sobrecogedor.

La propia Liz estaba descompuesta e intentaba hacerle entrar en razón, cuando oyó una voz conocida a su espalda.

—¿Qué pasa aquí?

Se volvió con gesto instintivo y su mirada se encontró con la de Bill Webster. Él había bajado a urgencias a recoger a un paciente cuando oyó el escándalo y vio aquella cabellera roja que le resultaba tan familiar. No pudo evitar acercarse.

—¿Qué ha pasado? —preguntó a Liz sin haberla saludado siquiera.

—Se ha caído de una escalera y se ha roto el brazo —se limitó a decir ella mientras Bill daba la vuelta y se situaba en el campo de visión del niño para intentar tranquilizarlo. Por un instante los gemidos amainaron, mejor dicho, se convirtieron en vehementes sollozos al ver a Bill.

—¿Qué te ha ocurrido, campeón? ¿Entrenas de nuevo para las olimpiadas? ¿No sabes que es pronto?

Con gran cautela acercó su mano al brazo del pequeño y, a pesar de que este intentó evitar el contacto, no chilló ni se debatió en la camilla.

—Me he caiíído de una escaleeera.

—¿Colocando algo en el árbol de Navidad? —Jamie asintió—. Pues ¿sabes qué vamos a hacer? Vamos a enyesarte este brazo, pero tendrás que prometerme algo. ¿De acuerdo?

—¿Prometeeerrr qué?

Jamie temblaba de pies a cabeza después de tanto llorar, pero a medida que Bill hablaba con él, se distrajo y le permitió que le reconociera sin siquiera darse cuenta de ello. Liz lo miraba asombrada.

—Quiero ser el primero en firmar en el yeso. ¿Qué me dices? Ni el segundo ni el tercero... Tengo que ser el primero. ¿Vale?

—Vale —dijo Jamie asintiendo mientras llegaba el cirujano.

Los dos médicos hablaron un momento en voz baja y luego Bill miró a Liz. La vio muy delgada y encima angustiada por el accidente de su hijo. Precisamente por eso había sugerido llevar el caso él.

—¿Sabes qué vamos a hacer? —preguntó a Jamie como si le reservara una sorpresa extraordinaria—. Subiremos ahora mismo y te pondremos la escayola. Yo iré contigo para estar seguro de que nadie firma primero. ¿Qué te parece? Dormirás unos minutos, y cuando te despiertes, ¡magia potagia!, tendrás la escayola puesta y yo podré firmarla.

—¿Y yo podré hacer subir y bajar la cama? —preguntó Jamie, recordando la estancia en el hospital de Peter.

—Vamos a buscarte una que gire tanto como quieras, pero primero hay que enyesar.

Miró a Liz para tranquilizarla y ella movió la cabeza, como afirmación. Entonces comprendió lo que había hecho: pedir al traumatólogo si podía permanecer en la sala de operaciones con Jamie, y aquel gesto la conmovió. Quiso agradecérselo, pero Bill ya estaba empujando la camilla de Jamie hacia el ascensor seguido por el otro cirujano. Liz no quiso despedirse del muchacho por miedo a que se diera cuenta de que ella no podía subir. En lugar de ello, se acurrucó en una silla, abatida, preocupada por su hijo y pensando en Bill. Le había causado una gran impresión verle, pero sucedían tantas cosas a la vez que no había tenido ni tiempo de intercambiar unas palabras, lo que por otra parte tal vez era preferible. No tenían nada que decirse. Hacía un mes que no le veía y tenía la sensación de que habían pasado siglos. De noche aún lloraba pensando en él, pero eso Bill no tenía forma de saberlo.

Tardaron más de una hora y cuando volvieron el médico y Jamie, este aún dormía, pero Bill no se había movido de su lado. El cirujano que lo había intervenido estaba ya con otro paciente y fue Bill quien comentó a Liz, en un tono muy profesional, que todo había ido perfectamente. Era una fractura limpia y dentro de un mes y medio podrían quitarle el yeso. Se lo habían puesto de los que permiten al paciente incluso ducharse.

—Dentro de unos minutos se despertará. Se ha portado muy bien arriba. Lo hemos dormido enseguida y no se ha enterado de nada. —Liz tuvo que recordar a la fuerza lo brusco que había sido con ella la primera vez que lo vio, para darse cuenta de lo cariñoso que había sido hoy con Jamie. Definitivamente, era un hombre con múltiples facetas. Más que nunca sintió vergüenza de que Megan le hubiera llamado «bruto». Era algo que no tenía perdón y ella lo sabía—. ¿Te apetece un café mientras esperas que se despierte? Puede tardar hasta veinte minutos.

—¿Tienes tiempo tú?

Liz no quería abusar de su amabilidad. Sabía que estaba ocupado y ya había pasado casi dos horas con Jamie.

—Sí, tengo tiempo —respondió él, llevándola a la sala donde descansaban los médicos de urgencias. En aquellos momentos no había nadie allí. Bill le ofreció una taza de café humeante—. Se pondrá bien, Liz, no te preocupes por Jamie.

—Gracias por haber sido tan amable con él. Te lo agradezco muchísimo. Cuando he llegado estaba muerto de miedo.

Bill sonrió y se sirvió una taza.

—Pegaba unos gritos que parecía que iba a hundir el hospital. Por eso me he acercado, para ver qué pasaba. ¡Unos buenos pulmones tiene el señor Jamie!

Liz sonrió y sus miradas se encontraron. Sin embargo, ninguno de los dos se saltó el límite del brazo roto de Jamie. Se veía claro que estaban violentos. Liz se fijó en que él también había adelgazado, que estaba pálido y tenía el aire cansado, pero luego pensó que las fiestas de Navidad eran días de mucho trabajo para él: circulaban muchos conductores borrachos y se producían muchísimos accidentes, como el del día antes con Justin, sin ir más lejos, y ahora el de Jamie. De todas formas, Bill en general solo se ocupaba de los casos más graves, como el de Peter.

—Tienes buen aspecto —dijo él por fin, y Liz movió la cabeza sin saber qué tenía que responder.

No podía comentarle que pensaba en él día y noche y se

preguntaba si sabía hasta qué punto lo quería. Ya era tarde para eso.

—Supongo que estás muy ocupado con las fiestas —dijo Liz para mantener la conversación.

Todo lo que se le ocurría aparte de eso le parecía polémico o patético. Y no tenía ningún sentido intentar convencerle de algo que él rechazaba. Si hubiera cambiado de parecer la habría llamado. Su silencio era muy elocuente: Liz lo oía con plena claridad.

—Bastante ocupado. ¿Cómo está Peter? —añadió, manteniendo la conversación en temas neutrales, como el de su paciente.

—Como nuevo —respondió ella sonriendo—. Y locamente enamorado.

—Que lo disfrute, pues. Dale recuerdos de mi parte. —Dicho esto, consultó el reloj y sugirió volver a donde estaba Jamie—. Ya tendría que haberse despertado.

En efecto, estaba despierto y preguntaba ya por Bill y por su madre. Sonrió cuando los vio entrar.

—Supongo que no has olvidado tu promesa, ¿verdad, campeón?

Jamie movió la cabeza riendo. Bill cogió un rotulador que tenía en el bolsillo. Escribió una corta poesía en el brazo del pequeño, dibujó un perro y estampó su firma. Jamie lo miraba alucinado.

—¡Has sido el primero, Bill, como te he prometido!

—¡Como me prometiste!

Bill lo abrazó sonriendo mientras Liz los observaba y notaba una punzada en el corazón. Aquello era lo que había perdido el día de Acción de Gracias, cuando Bill rompió su relación. No podía hacer nada para remediarlo, pues él había tomado la decisión.

—Nunca me has llevado a hacer volar la cometa —dijo Jamie; Bill se mostró primero sorprendido y luego apesadumbrado.

—Tienes toda la razón. Un día de estos llamaré a tu madre e iremos juntos a dar una vuelta. Quizá cuando te hayan quitado el yeso. ¿Qué te parece?

—¡Muy bien! —exclamó el muchacho satisfecho y Bill lo levantó de la cama y lo ayudó a ponerse de pie.

—Y ahora, ¿me harás el favor de no trepar por la escalera? —Jamie asintió mirándole con admiración. Bill era su héroe—. No quiero que te subas al abeto.

—Mamá no me dejará.

—Me alegra oírlo. Venga, saluda a Peter y a tus hermanas de mi parte. Hasta pronto, Jamie, y feliz Navidad.

—Mi padre murió en Navidad —le informó Jamie.

Liz se estremeció. Lo que le faltaba era aquel recuerdo.

—Lo sé —respondió Bill, respetuoso—. Lo siento mucho, Jamie.

—Y yo. Fue una Navidad horrible.

—Me lo imagino, para ti y para toda la familia. Espero que la de este año sea mejor.

—He pedido a Papá Noel una cometa como la tuya, pero mamá dice que no me la traerá, que tendremos que comprarla.

—O hacerla —rectificó Bill—. ¿Qué más le has pedido a Papá Noel?

—Un perrito, pero mamá también dice que no me lo traerá porque Carole es alérgica. Tiene asma. Además le he pedido juegos y una metralleta Nerf.

—Seguro que te los trae. —Jamie asintió y le dio las gracias por el yeso y la firma. Luego Bill volvió la vista hacia la madre del niño. Notaba que Liz les estaba mirando y le llegó al alma la tristeza que destilaban sus ojos—. Espero que todos paséis bien la Navidad. Sé que es el primer año y no va a ser fácil.

—A la fuerza tiene que ser mejor que la del año pasado —sonrió ella, si no con los ojos, con los labios, y él estuvo tentado de apartar de aquellos un mechón de cabello pero decidió que no podía hacerlo. Fue la propia Liz la que lo apartó luego añadiendo—: Gracias por haber sido tan amable con Jamie. De verdad que te lo agradezco mucho.

—Forma parte de mi trabajo, aunque sea un bruto —respondió él sonriendo y Liz se sintió avergonzada—. Ya lo he superado —añadió para tranquilizarla—. De todas formas, tengo que admitir que me dolió un poco. Las chicas son especialistas en golpes bajos —concluyó con una risita mientras les acompañaba a la puerta de urgencias.

—No todas las chicas —puntualizó Liz en voz baja—. Cuídate, Bill, y feliz Navidad.

Se despidieron de él con la mano. Carole había vuelto a casa a cuidar a los demás mientras hacían la intervención a Jamie. Bill les observó mientras subían al coche y luego, con las manos en los bolsillos, cabizbajo, volvió hacia dentro.

13

A la vuelta del hospital, Jamie contó a todo el mundo que había visto a Bill y dio recuerdos a Peter de parte de este mientras le mostraba el yeso y el lugar donde había firmado el médico. Allí mismo les hizo firmar a todos, incluyendo a Carole y a su madre. Liz lo observaba con la sensación de haber pasado toda la tarde en un torbellino de emociones. Le había resultado duro ver a Bill, pero agradable al mismo tiempo. Una auténtica tentación, pues de golpe sentía deseos de lanzarse a sus brazos. O peor aún, de decirle que le amaba. Sin embargo sabía que aquello habría sido una locura. Bill estaba tan lejos de su vida como Jack.

Al día siguiente fue al cementerio a llevar flores a su marido. Se quedó mucho rato ante la tumba pensando en los años que había pasado con Jack y los buenos momentos que habían compartido. Ahora todo le parecía desperdiciado, perdido por culpa de un terrible instante. Una gran injusticia. Siguió allí, llorando por todo lo perdido, por todo lo que él ya no podría ver. Jack no vería crecer a sus hijos ni a sus nietos, no envejecería con ella. Todo se había detenido y ella tenía que seguir adelante sin Jack. ¡Qué duro le resultaba!

Pero el peor martirio fue la Nochebuena y el día de Navidad. A pesar de que había previsto que sería difícil, ni siquiera imaginó hasta qué punto la afectaría. Fue algo así como una bola de demolición en mitad del cuerpo. Echaba en falta la alegría que habían vivido juntos, las Navidades de cuando los niños eran pequeños, las risas, las promesas, las tradiciones. Y luego, aún no recuperada del impacto de tantos recuerdos, la asaltó el terror de aquella mañana de la Navidad anterior, cuando vio a Jack moribundo en el suelo del despacho, sin posibilidad de detener la pesadilla que les estaba engullendo a todos. Pasó todo el día en una especie de niebla, llorando sin parar, y los niños en un estado parecido al suyo. Para todos, fue uno de los peores días desde la muerte del padre. Llamó la madre de Liz y se inquietó al notarla tan preocupada, y más aún cuando le contó que cerraba el bufete.

—Sabía que tendrías que hacerlo algún día —comentó Helen en cuanto ella se lo dijo—. ¿Has perdido a todos los clientes?

Nada había cambiado este último año desde sus funestas predicciones después del funeral.

—No, mamá, al contrario, tengo demasiados. No doy abasto y me siento muy cansada. Quiero dejar el derecho civil. Me dedicaré a la defensa de los niños.

—¿Y quién va a pagarte?

Liz sonrió ante aquella pregunta.

—El tribunal, sus padres o los organismos que me contraten. No te preocupes, sé lo que me hago.

Helen habló luego con todos los niños y comentó a Liz más tarde que le había parecido que estaban deprimidos, aunque no le extrañaba. Para ellos eran unas Navidades muy duras.

La llamó también su amiga Victoria desde Aspen. Sorprendió a Liz diciéndole que había decidido volver a trabajar a tiempo parcial, y que a pesar de ello, tenía que prometerle que se verían más a menudo. Liz se lo prometió. Victoria estaba preocupada por ella y por los niños y le sabía mal no estar allí para paliar un poco aquellas Navidades tan atroces para la familia.

A partir de entonces, el teléfono permaneció en silencio, y a última hora de la tarde Liz llevó a todo el mundo al cine.

Todos estaban tristes como ella y necesitaban distracción. Fueron a ver una comedia, que divirtió a los pequeños pero no consiguió arrancar una sonrisa a Liz. Pensaba que en su vida ya no quedaba ni un motivo de alegría. Todo era tragedia y pérdidas, personas que habían muerto o la habían abandonado. Al llegar a casa se preparó un baño caliente y permaneció largo tiempo en la bañera pensando en lo deprisa que había pasado el año, en todo lo que le había deparado y, sin quererlo, se preguntó dónde estaría Bill. Probablemente trabajando: cuántas veces había repetido que odiaba las fiestas, que eran días pensados para las familias y él había optado por vivir solo. Después de lo que ocurrió el día de Acción de Gracias, sin embargo, Liz casi comprendía su actitud. Aunque también consideraba que como mínimo le podía haber concedido una segunda oportunidad. Si hubiera sido valiente, pero no lo era. Ella tenía que enfrentarse a la realidad de que a Bill no le interesaba aquello. Estaba satisfecho con la vida que llevaba y no quería cambiarla. Tumbada en la bañera recordaba lo cariñoso que había sido con Jamie. Bill era un médico increíble y una buena persona.

Aquella noche se acostó sola después de las doce. Jamie dormía en su habitación, ya que el primer día después de romperse el brazo se había vuelto en plena noche y había hecho daño a su madre con el yeso. A raíz de esto decidieron que el niño pasaría las noches en su cama hasta que se lo quitaran.

—¿Estás bien, mamá? —Peter asomó la cabeza en su habitación al subir la escalera después de que ella se acostara.

Liz le agradeció el detalle y le dijo que todo iba bien. Se habían mantenido muy pendientes uno del otro todo el día, como supervivientes de un naufragio aferrados a una única balsa. Siempre recordarían aquella Navidad, casi tan dolorosa aunque no tan atroz como la anterior. Liz solo tenía un deseo: dormirse y despertar cuando hubieran terminado las fiestas. Pero como de costumbre, el sueño le era esquivo y permaneció horas tumbada, despierta, pensando en Jack, en Bill y en sus hijos. Por fin, hacia las cuatro de la madrugada, se aletargó y al oír el timbre del teléfono creyó estar soñando. Estaba tan adormilada que le costó un rato encontrar el auricular, aunque nadie más en la casa contestó.

—¿Sí? —dijo en un tono apagado e impreciso.

La persona que se encontraba al otro lado de la línea dudó un momento. Liz iba a colgar cuando por fin habló. De entrada no reconoció su voz, pero en un instante se dio cuenta de que se trataba de Bill, aunque no acertaba a comprender por qué llamaba. Probablemente estaba trabajando. Aún no clareaba y Liz tuvo que hacer un esfuerzo para ver la hora en el despertador: las seis y media.

—¡Hola! —dijo en tono alegre a Liz, quien tenía la sensación de haber pasado la noche en unas montañas rusas. Estaba extenuada—. Se me ha ocurrido llamarte para desearte feliz Navidad.

—Feliz Navidad. ¿Eso no era ayer?

A menos que hubiera entrado en la dimensión desconocida y aquello fuera una sucesión interminable. Toda una vida de navidades, un día tras otro. Su peor pesadilla.

—Sí. Me pasó por alto. He estado muy ocupado. ¿Cómo está Jamie?

—Bien, creo. Dormido. —Se desperezó e hizo un esfuerzo por despertarse preguntándose por qué la llamaba. Muy conversador le parecía a las seis y media de la mañana—. Estuviste muy amable con él cuando se rompió el brazo. Te lo agradezco.

—Me encanta ese chico.

Se hizo un largo silencio; Liz empezaba ya a dormirse cuando tuvo un sobresalto al pensar que tal vez había dicho alguna estupidez. Pero no se había perdido nada. Bill parecía reflexionar. Finalmente preguntó:

—¿Qué tal habéis pasado la Navidad?

No hacía falta preguntarlo: se lo podía imaginar. Había

pasado todo el día pensando en ella y en los niños, razón por la que decidió por fin llamar. Mejor dicho, por esta razón y por unas cuantas más, unas más claras que otras.

—Peor de lo que esperaba —dijo ella con sinceridad—. Ha sido algo así como una operación a corazón abierto sin anestesia.

—Lo siento, Liz. Imaginaba que sería así. Como mínimo ya pasó.

—Hasta el año que viene —respondió ella en tono triste.

Ya estaba completamente despierta y el recuerdo del día anterior le provocaba aún una mueca de dolor.

—Puede que el año que viene se pase mejor.

—No tengo ninguna prisa por comprobarlo. Voy a tardar un año en recuperarme de esta Navidad. ¿Y tú qué tal? ¿Dónde la has pasado?

—Trabajando.

—Lo imaginaba. Supongo que has estado muy ocupado.

—Muchísimo. Pero he pensado mucho en ti.

Liz dudó un momento y luego, en la oscuridad, pensando en él, admitió:

—Yo también he pensado en ti. Siento que las cosas se complicaran tanto. No sé, tal vez yo misma no estaba preparada, las niñas se comportaron tan mal...

—Y a mí me entró el pánico —admitió él—. Lo abordé con muy poca madurez.

—Creo que a mí me hubiera ocurrido lo mismo —respondió ella con deferencia, aunque consciente de que habría vuelto e intentado arreglar las cosas, al contrario de lo que hizo él. Pero no se lo dijo.

—Te he echado de menos —murmuró él, nostálgico. Le había afectado mucho verla en el hospital cuando Jamie se rompió el brazo y desde entonces no podía dejar de pensar en ella.

—Y yo a ti. Ha sido un mes muy largo —respondió Liz despacio.

—Demasiado largo —admitió él—. Un día de estos tendríamos que quedar para comer.

—Me parece una buena idea.

Liz se preguntó si aquello llegaría a buen puerto. Quizá se sentía solo y cansado, o bien había muerto uno de sus pacientes o la Navidad le había influido. No tenía la impresión de que deseara volver con ella, sino más bien establecer un contacto para alejarse otra vez. En definitiva, había concluido Liz, era un solitario y de esta forma se sentía feliz.

—¿Y si comiéramos juntos hoy?

La proposición la cogió por sorpresa.

—¿Hoy? Sí... —Y luego se acordó—. Lo siento, pero prometí a los niños que les llevaría a patinar—. ¿Y tomar un café luego?

—En realidad yo pensaba en una comida —dijo él, decepcionado.

—¿Y mañana?

—Trabajo —respondió Bill, categórico. Liz sonrió al darse cuenta de que estaban barajando citas a las siete menos cuarto de la mañana—. ¿Ahora mismo? —concluyó con la máxima naturalidad él.

—¿Ahora? ¿Quieres decir ahora mismo, en este instante?

—Pues sí, porque resulta que llevo unos bocadillos en el coche y los podríamos compartir.

—¿Dónde estás?

Liz empezaba a preguntarse si estaba borracho. Le parecía algo loco.

—En realidad —dijo él con aire despreocupado—, estoy delante de tu casa.

Al oír esto, Liz se levantó con el teléfono en la mano y miró por la ventana. Vio el viejo Mercedes aparcado en la avenida con las luces apagadas.

—¿Qué haces aquí? —se lo decía mirándole. Bill la saludaba con la mano y ella reía—. ¡Qué locura!

—Me he dicho: voy a pasar por allí a ver si le apetece comer algo conmigo... No sabía si estarías ocupada o... Puesto que me he comportado como un estúpido durante este mes, no sabía si sería capaz de convencerte, Liz. —Por el tono se notaba que estaba emocionado. Liz seguía mirándolo desde la ventana y él volvió la cabeza hacia arriba para decirle—: Te quiero.

Liz vio cómo pronunciaba aquellas palabras.

—Yo también te quiero —respondió ella con dulzura—. ¿Por qué no entras?

—¡Voy con los bocadillos!

—No, tú solo. Bajo en un minuto, no llames al timbre. —Liz colgó, bajó deprisa a abrir la puerta y lo encontró cogiendo un voluminoso paquete del asiento trasero. Casi tardó un minuto en sacarlo del coche. Liz, al verlo, supo de qué se trataba: la cometa que él mismo había hecho. Lo llevó hacia dentro—. ¿Qué haces con esto?

Todo aquello le parecía completamente absurdo, la llamada, la invitación a comer, la visita, la cometa. Pero le amaba, y al verlo se reafirmaba su sentimiento. Hacía meses que lo sabía pero no estaba preparada para ello.

—Es para Jamie —se limitó a decir él, dejando la cometa en el vestíbulo. Luego se plantó ante ella y con la mirada le dijo lo que sentía, incluso antes de pronunciar las siguientes palabras—: Te quiero, Liz. Y Megan tenía razón. Me comporté como un estúpido y como un bruto. Tenía que haber vuelto al día siguiente, pero no me atreví.

—Yo también tenía miedo, pero creo que lo vi todo claro antes que tú. Ha sido un mes infernal sin ti.

—Me ha costado comprender lo mucho que te echaba de menos, pero aquí estoy. Si es que me aceptas.

—Te acepto —susurró ella y acto seguido su semblante reflejó la inquietud—. ¿Y las niñas, crees que conseguirás soportarlas?

—A algunas más que a otras. Me acostumbraré al resto y si Megan me da mucho la lata, le enyeso la boca. Con eso tendría que bastar.

Liz se echó a reír mientras él la estrechaba entre sus brazos y la besaba. Los dos tuvieron un sobresalto al oír una voz detrás de ellos.

—¿Qué es esto?

Era Jamie, que señalaba la cometa que había traído Bill.

—Tu cometa. He pensado que tú tendrías más tiempo para hacerla volar que yo. Te enseñaré.

—¡Jolín! —saltó a los brazos de Bill y estuvo a punto de hacer perder el equilibrio a su madre—. ¡Vaya! ¿De verdad es mía?

—Tuya y solo tuya.

De pronto Jamie le miró con cierto recelo.

—¿Qué haces aquí? Pensaba que estabas enfadado con mamá y con Megan.

—Lo estaba, pero ahora ya no.

—¿Conmigo también estabas enfadado? —preguntó Jamie con interés, cogiendo la cometa por el marco. Tenía el aire de un cuadro de Norman Rockwell.

—No. Nunca he estado enfadado contigo. Y ahora no lo estoy con nadie.

—Muy bien. ¿Vamos a desayunar? —preguntó Jamie a su madre.

—En un momento.

Al decir esto, se oyeron voces desde arriba y a Megan que gritaba:

—¿Quién hay ahí abajo?

—Yo —respondió Liz—. Y Bill y Jamie.

—¿Bill, el médico?

Parecía sorprendida, y Liz reconoció detrás de la voz de ella a otras, las de Peter, Rachel y Annie. Ella y Bill habían despertado a todo el mundo.

—Bill, el imbécil y el bruto —la corrigió él. Megan bajó la escalera con una sonrisa avergonzada.

—Lo siento —dijo mirando a Bill a los ojos.

—Yo también —respondió él sonriéndole.

—Vamos a desayunar —repitió Jamie.

—Voy a hacer gofres —dijo Liz y luego miró a Bill, los dos intercambiaron una sonrisa y él la besó de nuevo.

—Una casa animadísima —comentó él, siguiéndola hacia la cocina.

—Solo a veces. Pasa un día de estos a comer —dijo Liz, cogiendo la sartén.

—Pensaba quedarme —le dijo él al oído.

—Me parece perfecto —respondió ella con dulzura.

—Y a mí —concluyó Bill colocándose a Jamie sobre los hombros—. Más que perfecto.

Dicho esto, se volvió hacia la puerta y vio a Megan que le sonreía.

Este libro ha sido impreso en los talleres
de Novoprint S.A.
C/ Energía, 53 Sant Andreu de la Barca
(Barcelona)